U0534701

# 红尘匹马长安道

## 中国商人往事

李强·著

人民文学出版社

图书在版编目（CIP）数据

红尘匹马长安道：中国商人往事/李强著. —北京：人民文学出版社，2016
ISBN 978-7-02-011389-7

Ⅰ.①红… Ⅱ.①李… Ⅲ.①商业史—研究—中国 Ⅳ.①F729

中国版本图书馆 CIP 数据核字（2016）第 022186 号

责任编辑　葛云波
装帧设计　黄云香
责任印制　史　帅

出版发行　人民文学出版社
社　　址　北京市朝内大街 166 号
邮政编码　100705
网　　址　http://www.rw-cn.com

印　　刷　三河市鑫金马印装有限公司
经　　销　全国新华书店等

字　　数　180 千字
开　　本　880 毫米×1230 毫米　1/32
印　　张　8.125　插页 5
印　　数　1—6000
版　　次　2016 年 6 月北京第 1 版
印　　次　2016 年 6 月第 1 次印刷

书　　号　978-7-02-011389-7
定　　价　24.00 元

如有印装质量问题,请与本社图书销售中心调换。电话:010-65233595

木賜子貢

子贡像

山店风帘图（宋佚名）

货郎图

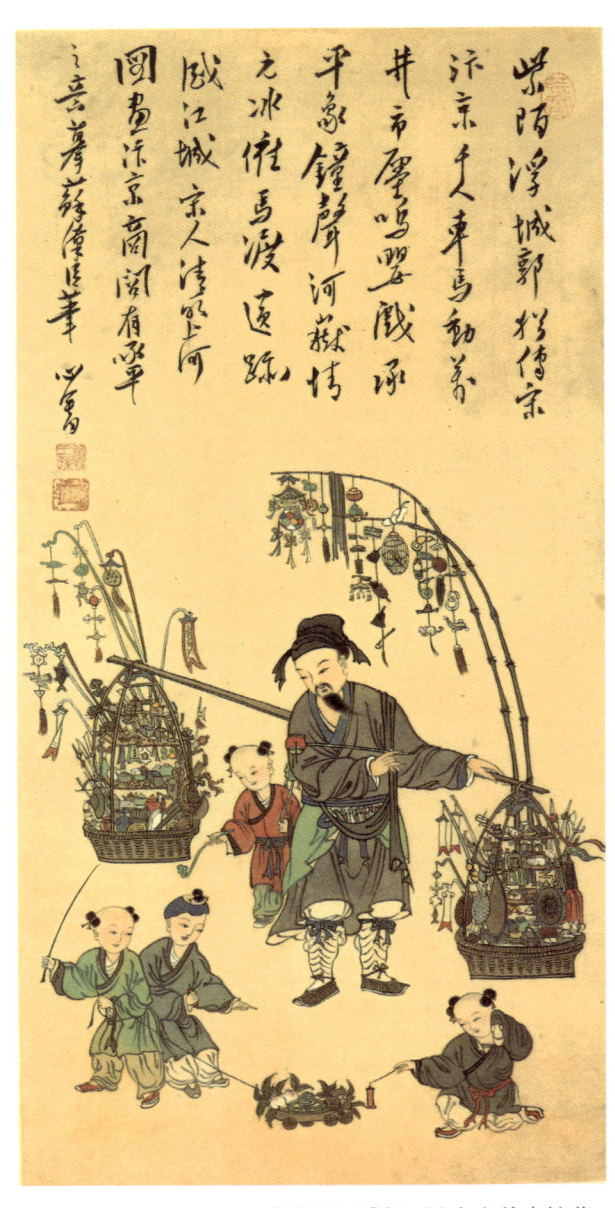

紫陌浮城郭 猶傳宋
汴京 千丈車馬動蔽
井市 歷歷嗚咽戲承
平象 鐘聲河蕆坊
光冰 僅馬渡遠踪
賦江城 京人清明上河
圖畫汴京當閲有舉
之意 摹蘇漢臣筆 心畬

货郎图（溥儒，昆仑堂美术馆藏）

# 目 录

## "商圣"范蠡

先八卦一下"范西之恋" 3
"问题少年"的成功逆袭 7
待时而动,等的是机遇 13
吴越争霸中的"关键先生" 18
知进知退是大智慧 23
从上将军到大商人 28
"三致千金"的秘密 32
财神传说 37

# "儒商"子贡

"优等生" 41
一趟辛苦的差事 46
"一叶知秋" 51
"仁"的境界 56
做一个谦卑的有钱人 62
子贡问玉 66

# "政商"吕不韦

奇货可居,眼光的确独到　71
长袖善舞,手段的确一流　79
成功上位,商人亦可为政　87
机关算尽,终究黄粱一梦　94
政与商的距离　101

# "义商"卜式

家事与国事　105
"同行"相轻　109
御用羊倌　116
放羊与治国　121
经商有道，谋身乏术　126
卜式的意义　133

## "奇商"窦义

一双鞋子 137
一把铁锹 142
第一桶金 146
成功转型 149
开发"小海池" 154
疯狂的石头 158
"奇商"之"奇" 165

# "财神"沈万三

身世之谜:确有其人乎?　169
财富之谜:是天上掉馅饼还是"通番"?　174
筑城之谜:此事并非向壁虚构　179
沈家败落:一场风花雪月后的惨案　185
沈家的教训　191

# "晋商"乔致庸

三代创业　195
弃儒从商　199
以"信"为本　202
大商人的境界　207
传家之道　211
故事中的历史　217

## "官商"胡雪岩

胡雪岩的"投资" 221
王有龄的"回报" 225
转换门庭 230
"红顶商人" 235
生丝大战 239
墙倒众人推 244
我愿世无胡雪岩 249

后记 251

"商圣"范蠡

中国自古以农为本,过去许多老宅子门前都会挂一块牌匾,上面写着四个大字——"耕读传家"。有田耕、有书读,子孙有出息不败家,这几乎就是大部分古人的"中国梦"。古人并不排斥财富,甚至还会经常表现出对财富的好感,但往往并不祈求一夜暴富,不是正经路上来的横财,来得快去得更快,搞不好还要弄得家破人亡。所以踏踏实实种地,忙闲有致、不误农时;认认真真读书,见贤思齐、修齐治平——这就是最惬意的人生了。但种出粮食你要能卖得出去,换回其他必要的生活物资;读书你也得能买到各种书籍,这样好日子才能持久。大多数古人其实比我们更聪明,他们当然知道互通有无,这日子才能过得更舒坦。大家不能都忙着种地、打猎,总得找个人专门负责去交换、买进卖出——这个人就是商人。经商这个行当在中国出现得很早,建立商朝的商族人,就以善于经商而知名,"商人"的"商"据说就是打商族人的"商"字儿来的。我们今天讲的范蠡,可称得上是中国历史上首位成功大商人,他的成功不在于赚了多少钱、当了多大的官,比他有钱的人车载斗量,比他官大的人也多了去了,他的成功不在于"得到"什么,而恰恰在于"舍弃"了什么。范蠡在个人政治舞台功成名就之时,突然从荣誉的光环下消失,完成了人生中最重要的一次"舍"——抛弃功名利禄,从此逍遥于江湖。也正由于他能从容优游于舍得之间,才真正获得后世的认可,被尊为"商圣"。

## 先八卦一下"范西之恋"

说起范蠡,读者会马上想起一个人来,在这个"女神"泛滥的时代,此人的知名度搞不好比范蠡还要大得多——她就是中国古代四大美人之首西施。我们形容一个女子长得漂亮,比较高雅、显得特能装特有文化的说法是,夸她有"沉鱼落雁"之容、"闭月羞花"之貌,这里面的"沉鱼",说的就是西施的典故。西施太漂亮了,那简直是超越性别、超越物种的美啊!她到小河边浣纱,河里的鱼儿见到她,都赶紧躲到河底,我们比不过你,我们就潜水,"万事如棋不着高",沉默是装高深最好的武器。

西施能美到让低等生命形式的鱼儿都羡慕嫉妒恨,更不用说自古喜欢看脸的中国男人了。在传说中,范蠡和西施是初恋情人关系,西施为了越国的利益,不得以改变身份,从一个天仙妹妹摇身变成越国的超级女间谍,肩负着黑掉吴国的重任,打入吴国王宫做了吴王夫差的宠妃。我特别喜欢古人"风萧萧兮易水寒"的气概,做事情讲究快意一刀,没有百年之人、没有千年之国,大家都是过客,就算失败了,荆轲刺不了嬴政,但万里长城今犹在,不见当年秦始皇。倒是刺客荆轲留下的那一股忠勇正气,却千年不绝,让人每每想起,都禁不住扼腕击节。我们就看不上那股子没出息的劲儿,搞点阴谋诡计,特别是牺牲"女神"幸福的爱情生活去达到自己的目的。越国再能折腾,灭了吴国后也没挺过多少年,不也烟飞云散了吗?所谓"美人计",徒增历史笑料而已。传说越王勾践其实也觉得是笑料,于是乎灭了吴国后,又做了件特别没品的事儿——下令杀掉西施灭口。眼看着西施就要香消玉殒了,关键时刻范蠡挺身而出、英雄救美,冒死救出自己的初恋情人,二人告别吴越争霸的刀光剑影,从此逍遥于五湖之上。吴越争霸虽然是历史上轰轰烈烈的大事件,但是千百年后留给人们回味的,恐怕更多的是这桩子虚乌有的风花雪月。

多么满满正能量的一段爱情传奇啊!在离婚率超过三成的今天,真心建议在大学里开一门"相信爱情"公选课,把"范西之恋"当做典型案例。这个缠缠绵绵的爱情故事从汉代就开始流传了,经过两千多年的演绎,早已成了民间认可的"历史"。但历史学家总是那么不识趣,偏偏喜欢考证那些美好故事里的真真假假,其实在我看来,"古来是非谁管得?满村听说蔡中郎",历史真相其实就是一个幻像,后人无论怎样努力,也不用指望着完整再现它。所有的历史事件,其实只有活在故事中才更有意义。我们现在讲成这样的故事,再下去一千年,如果人类还没被雾霾闷死、没有被各种有毒食物毒死的话,讲古代的历史一定和我们不同。一千年后的事情就留给后人操心吧,我们现在掌握的材料显示,即使西施这个人物的确存在,她爱上范蠡的可能性也是很低的,如果说成二人初恋,那更是地球撞火星的概率,我们只要做一个简单的数学加减运算就可以了。从越王勾践兵败被吴王夫差抓去，到他卧薪尝胆励精图治、终于灭了吴国，这前后一共20多年的光景，整整一茬子人长起来了。20年前还是嗷嗷待哺的小婴儿，现在都能为大王上阵杀敌了。范蠡呢？也从一个帅大叔成老爷爷了。更重要的是人家范蠡有自己的家庭，早已儿孙满堂了。西施就算再美，古人没有那么多进口化妆品可以用，彼时高句丽大地上也没几个部落，当然也不可能有像现在这么高超的整容术。岁月是把杀猪刀，留给西施的只有一条路——看着自己慢慢变老。等到吴国灭亡的时候，西施大约也要接近小40岁了，这年龄放在古代，绝对属于当奶奶抱孙子的年纪了。

不过这都是俗人的想法，某著名华裔科学家八、九十多岁了，还不是娶了比他年轻半个多世纪的妙龄女子，拥有了让我等俗人瞠目的爱情生活？两情若是久长时，连性别恐怕都不成问题，更何况年龄了。以此度之，西施奶奶爱上范蠡爷爷这种事儿或许可能发生，人家范蠡爱的就是地老天荒，他最喜欢的事情就是看着西施慢慢变老，这也没有什么可奇怪的。善良的老百姓还是乐意给范蠡西施的爱情故事加上一个美好结局，这个浪漫结局如果没有给社会添什么麻烦的话，即使是历史学家，也应该对此予以尊重。据专家考证，西施并非一个传说，历史上确有此人；而西施最终和范蠡逍遥于江湖之上的说法，汉朝人就开始八卦了。汉朝人说吴越争霸故事，就跟我们现在讨论还珠格格、甄嬛传差不多，真真假假倒不必过于在意，我们姑且把历史学家煞风景的考证扔到一边，就相信一回爱情吧！

这里八卦了这么多范蠡和西施的故事，只不过是暖暖场，本书关注的是商道，不是商人情感生活。就算"范西爱情"在历史上不太靠谱，但是有一件事儿却是在多部史书中实实在在记载着，那就是越王勾践霸业已成后，作为越国第一功臣的范蠡却从历史上消失了——他逃跑了。逃跑前他本来想辞职，混个光荣退休，但是勾践却不批准，并且威胁他如果敢辞职撂挑子，就把他老婆孩子统统杀掉。不过范蠡也相当有种，人家说了句"君行制，臣行意"（《国语·越语下》），照走不误，老婆孩子也跟着一起走了。

至于有没有带西施走，史料里真没说。

## "问题少年"的成功逆袭

这个范蠡到底是什么人？作为中国商圣，市面上有不少范蠡的传记，无聊的时候也会去翻翻，不过从来没指望着从这些各路"大神"的小说传记中发现什么有价值的历史线索，这些凝聚着文学家丰富想象力的作品，固然读起来令人回肠荡气，但拿来做历史研究的材料，就十分可笑了。不过更可笑的是站在史学研究的角度，去妄加评判这些可爱的文艺作品，正像画画的说唱歌的不懂焦点透视、厨子骂司机不会做满汉全席，都是非常荒谬的。越接近研究对象的史料，往往越少，但可信度往往越高。离人物年代越远，出现的材料往往越多，可信度却不断地被摊薄，到最后，其实除了人名是对的，其他大部分描述都和历史真相没什么关系了，不过是书写者情感的文字映射。这都是历史研究的常识，没有人去拿常识说事儿。

范蠡是两千五百多年前的历史人物，那时候连书写的纸张都还没发明，偶尔在竹子、木片、羊皮、绸缎甚至芭蕉叶上写点什么玩意儿，经过秦始皇的一把大火，连这些竹片、芭蕉什么的也剩不了多少了，要想找点彼时的记录是非常困难的。好在我们还有司马迁,他的《史记》为我们提供了不少有价值的资料。要研究范蠡,说起来还是《史记》、《国语》这两部书里的材料最靠谱,古人为这两部书做的注解,也是非常有用的,因为古人看到的书毕竟比我们看到的多,许多现在都看不到了,他们往往言之有据,通常不会信口胡说。还有一部叫作《越绝书》的地方志,这名字挺神秘的,听起来有点像是《越女剑法》、《九阴真经》之类的武林秘笈,但不过也是标题党,内容还算靠谱,被誉为地方志的鼻祖,称得上是研究吴越争霸的重要史料,写这篇范蠡故事,也要时不时翻翻这部书。至于后来出了不少托名范蠡的作品,百分之百来源不明,拿来作为研究范蠡本人的资料,一定会自己把自己搞糊涂的。好在根据上面这几部书,我们已经能大体描绘出范蠡到底是个什么样的人。

范蠡,字少伯,越国的"上将军",这是他辞职下海前的职位。史书记载他的籍贯为"三户邑",说起"三户",读者一定会想起"楚虽三户,亡秦必楚"的神秘谶语了。说这个话的当然是楚人,意思是楚国被秦国灭了,就算只剩下三家楚人,将来他们也能星星之火可以燎原,最终灭掉秦国,为自己的国家复仇。"三户"指的应该是三家人家,但据专家考证,楚国也的确有个叫"三户"的地方,其位置大约在湖北省南漳县西北一带,此地在古代属于南阳郡。南阳郡的郡治在宛。这个所谓的"宛",就是现在的河南省南阳市。近年来社会上有一种有趣的现象,就是地方上喜欢争名人祖宗,这是好事,总比追人造脸的韩星强多了,就算是"文化搭台、经济唱戏",这也没有什么不好。二者相辅相成,"仓廪实而知礼节",古人所重,勒紧裤腰带搞文化,那都是无能地方官糊弄老百姓的。这股争古代名人的戏码先是争李白、范仲淹、欧阳修这样的大文学家,后来觉得争真人不够劲儿,又开始争梁山伯与祝英台这样戏曲中的人物。这倒也罢了,又有几家地方争西门庆故里,这就让人觉得有点买椟还珠、缘木求鱼了。在众多争执中,范蠡也是被争的对象。从历史资料来看,说范蠡是南阳人,应该是没什么大问题的,只不过严格说来,此"南阳"非彼"南阳"而已。

根据史料,范蠡的确是天纵英才、绝顶聪明。虽然我不太赞同天才在历史发展中会起到决定作用,但是你如果让我承认吴越争霸的历史选择了范蠡,而不是范蠡改变了吴越争霸的历史,那也是万万不可的。在大的历史发展趋势上,我们当然要坚持唯物史观,比如就算没有秦始皇,但总归会出现一个什么始皇来结束战国时代。但是在历史发展的细部呈现上,依然充满着各种偶然。这其实是个历史哲学问题,正像有限和无限的关系,偶然与必然在历史中当然是共生的。我们如果把这个"必然"庸俗化了,会遮蔽了不少动人心魄的历史大戏。我们还是回到范蠡身上来,看看有关他的"偶然"与"必然"。天赋异禀的范蠡一开始并不想做商人,虽然后来的事实证明,他是具有经商天赋的。彼时商人虽然并不被社会歧视,但范蠡志不在此,他还是想通过经营天下来实现自己的人生理想。这种想法在西周时期,几乎是痴人妄想,因为虽然政府也有人才选拔制度,但"世卿世禄"是主流,非贵族出身的人要想介入权力核心,那是非常困难的。而到了春秋时期,所谓"礼崩乐坏"了,各诸侯国纷纷崛起,人才需求大增,这就给知识分子以更多的梦想。范蠡恰恰生活在春秋晚期,作为一介草民的他,抱有经营天下的理想，在当时虽然属于前卫思想，但还不算是异端。不过最大的问题是，古代传播手段有限，连纸张都没有，更不用说报纸这种高级事物了，但凡有什么八卦新闻，基本上靠口耳相传。由于古代商业并不发达，这种口耳相传速度也是很慢的，估计从三户邑传到四户邑也要个一年半载的。范蠡空有一身才能，但是缺乏自我推销的平台，这的确是件让人懊恼的事情。

  按照《越绝书》的说法，范蠡年轻的时候就是一个问题少年。他生来天资聪颖，不过一直得不到展示胸襟的机会，整日里只能埋没于鸡零狗碎之间，心情之郁闷可想而知。他因为自己出身低贱而自卑、因困于乡间而懊恼，从心理学上而言，长期处在这种负面情绪下人容易出现焦虑和抑郁症状，特别是对于还不足二十岁的青少年而言，更容易促使变态行为的发生——少年范蠡看来就是一个典型案例。家里的确很穷，但你可以人穷志不穷啊，你可以自尊自立啊，不过范蠡却不屑于这样做，他有点"破罐子破摔"的意味，故意穿得破破烂烂，头发也不梳，衣服也不洗，整天价蓬头垢面、装疯卖傻的，这种杀马特打扮和行为，自然招来街坊邻居的白眼。范蠡的疯狂还远不止于此，史料里说，有一次他看到当地长官的车驾经过，就故意装疯蹲在狗洞子旁，朝着长官大学狗叫，把长官和他的小伙伴们都惊呆了。

  别人惊呆是觉得范蠡这熊孩子太欠收拾了，居然敢在父母官跟前造次。其实范蠡不傻，也不是熊孩子，他这是在进行自我推销呢！通过惊世骇俗的行为艺术，成功推销自己，如今网络发达的今天，好多网络推手就是靠着干这行吃饭的，为了成为网络红人，可以采取各种无底线的行为"艺术",这种案例太多了。其实说起来这一招的发明权还在三千多年前的周朝开国功臣姜太公身上,"姜太公钓鱼"就是一场完美的求关注求点击的炒作。只不过相比而言,范蠡的炒作方法格调是低了些,学狗叫,比人家姜老爷子用直钩钓鱼,可"三俗"多了。

行为艺术果真是个好东西,范蠡靠着自己蹲在狗洞子旁学了几声萌萌哒的狗叫,成功获得长官的青睐,成为一个"凤凰男"。姜太公本来也是有工作的,他在集市上吆喝着卖肉,挣了钱填饱肚子再到河边上搞行为艺术,不知道干坐着钓了多少年才把周文王给钓上钩,算起来投资还是比较大的。相比而言,范蠡的办法操作容易、投资少见效快,倒是没辱没"商圣"的名声。长官也上了邪劲儿,一下子就被范蠡的几声狗叫给打动了。这个长官是不是智商有些问题? 其实不是,人家也是名人,成名比范蠡还早,他就是大名鼎鼎的文种。文种这个时候已经有些社会地位了,虽然史料里称"大夫"文种,但这多半是根据后来的职位加的官号,不少史料显示他当时服务于楚国,做着宛地的父母官——"宛令",相当于南阳市市长。文种也是个比较好玩、比较特立独行的人,他求贤若渴,在考试制度还不健全的时代,双向选择几乎不可能,在大庭广众之中求得贤士更是非常困难的,有时候还要靠做梦、靠求神这种没影的事儿。但是文种的求才策略却很简单,十个字儿,"狂夫多贤士,众贱有君子",看这个人是不是个狂妄之辈,看大家对他评价怎么样。范蠡这小子穿得破破烂烂,还敢朝着我学狗叫,可见狂妄至极;打听一下街坊邻居,都说范蠡一会儿清醒一会儿糊涂,是个疯孩子,没人能瞧得上他。那么好了,又是"狂夫",又被"众贱",那就是人才啊!

  人世间的事情是不可能都合乎逻辑的,文种的"选材"方法,的确不值得推广,但至少在选择范蠡这件事儿上,他的方法是奏效的。怀才不遇、行为乖张的问题少年范蠡,遇到了同样怪怪的、有点拧巴的文种,这大历史下的小偶然就顺势发生了,范蠡从此攀上文长官,二人同心、其利断金,数千里外的吴国君臣此时还不知道,他们灭亡的命运,在范蠡那几声萌萌哒的狗叫声中,已经被注定了。

## 待时而动，等的是机遇

文种根据自己有点奇葩的用人原则，在楚地收获了范蠡这一几百年不遇的奇才，二人都不打算在暮气沉沉的楚国打拼。当时的楚国虽然是只超级大蓝筹，但是缺乏活力、死水一潭，留给文种、范蠡这样新兴起政治力量施展的空间并不多。要想实现更高的人生抱负，他们必须走出去，到更容易成就人生梦想的地方去。

按照史料的说法，范蠡是一个未出茅庐已知天下大势的高人，他认为天下霸王之气凝聚在吴国，于是就说动文种一起到吴国谋求发展。大概当时资讯手段太差，二人对吴国已经有了伍子胥这样的信息竟然不甚了解。伍子胥的确是个人才，其智商甚至不输于范蠡，在他的辅佐下，吴国国力蒸蒸日上，风头不仅盖过越国，也把楚国打压得没有脾气。俗话说一山不容二虎，如果按原计划在吴国混，混得再好也无法超越伍子胥，范蠡必须及时调整策略，换一个自己更有发展空间的工作单位。换到哪里好呢？范蠡觉得"吴越二邦，同气共俗"，既然吴国已经不缺人才呢，那自己就到越国好了。于是他和文种直接就奔着越国去了。

这里有几个时间节点要捋一捋，否则历史容易被压制成干枯的树叶标本,很难见到鲜活的大树,更不用说整个森林了。范蠡跟着文种加入越国政权时有多大呢?大约二十多岁,的确是个帅哥小鲜肉的年龄。不过政坛拼的是两样东西,爹和实力。拼爹是没办法拼了,范蠡顶多是个"越漂",出身乏善可陈,跟着文种一起出来闯天下,而文种也是初来乍到的外来户,在越国没有什么政治势力。那就剩下拼实力了。范蠡是有实力的,但是你总不能在越王勾践的门口再用学狗叫这一招吧?在遇到那个懂你的人之前,是没有谁会在乎你的思想的。所以帅哥范蠡在越国政坛上很不得意,总是受到朝中权臣的排挤。越国当时的实力还是不错的,甚至还一度打败过吴国,这更让越王有点忘乎所以、目中无人了,范蠡好几次给越王勾践进言都没有得到采纳。

范蠡相信自己的判断,是金子总要发光的,是锥子总要脱颖而出的,吴越之间早晚必有一战,自己老早做点功课,有备无患。事情果不出范蠡所料,勾践不听范蠡的劝说,盲目出兵攻打吴国,结果被打得一败涂地,只剩下五千多残兵败将,被吴王夫差围困在会稽山上。眼看着大势已去,勾践这才想起范蠡当初的劝告。这么多年来,自己的确没把这个南阳来的小子看到眼里,现在悔得肠子都青了。但光后悔也没用啊,还是得放下身段,主动向范蠡承认错误吧,看看范大师有什么起死回生的灵丹妙药。大概只有在这个时候,范蠡才摆脱越国政坛稻草人角色,正式走进越国的核心政治舞台。如今的范蠡早就不是当年那个爱学狗叫的狂童了,他已经变成一个稳重、干练的政治家。他在这越国江山风雨飘摇之际站了出来,展示了自己的价值。太平盛世,白痴都能做宰相,没什么

了不起的,如果能挽狂澜于既倒,那才是真正的大牛人。《史记》记载,范蠡是这样回应越王勾践的:

> 持满者与天,定倾者与人,节事者以地。卑辞厚礼以遗之,不许,而身与之市。
>
> ——《史记·越王句践世家》

这短短的几句话,内涵却十分丰富。前三句尤其包含哲学意蕴,解释起来比较复杂,我们简单说吧,它其实就是对越国国政的一个判断,涉及越国的过去、现在和将来。过去应该怎么样?"持满者与天","与"在这里是认同、取法的意思。越国很强大啊,吴国国王阖闾来进攻,把阖闾也干掉了。这个时候国势处在"满"的状态,我们知道,"谦受益,满招损","满"的时候更应该小心谨慎,顺应天意,不去胡作为、乱作为,这才能常保平安。潜台词是什么?越王你前面不听我的话,已经得到教训了,以后可不能这么干了。有人认为范蠡思想具有老子思想的特点,单从这一点看,的确是有道理的。

那第二句是"定倾者与人",说的就是当下的形势。我们越国大厦将倾了,马上要玩完了,这个时候一定要处理好内部人与人的关系,我们君臣一体、上下一心,总会战胜困难的。

第三句"节事者以地",说的是将来。经历这场大灾难,假若我们还能存活下去,国家不被灭亡,那我们以后做事情一定要量力而行,根据自己的实力,来判断什么可以做,什么不可以做。

虽然只是简单的三句话，但却对勾践的统治生涯做了一个完整的概括和预期。不过这三句话还属于纸上谈兵的层次，吴王夫差的部队已经把我们给围到这个小山头上了，你跟我扯这过去现在和将来的大道理没用啊！怎样活命才是当务之急啊！范蠡当然知道勾践的诉求，只不过还是要借机表达一下自己的政治主张，那当下的燃眉之急该怎样解决呢？

范蠡提出两条方案，第一条是"卑辞厚礼"，第二条是"身与之市"。这两条的代价是不一样的，这就恰似一场拍卖会，前者是举牌价，后者是底价，如果底价人家也不答应的话，那只有流拍了。对勾践来说，流拍的结果是死路一条，他所能选择的不过是玉石俱焚、壮怀激烈地死，还是畏畏缩缩、奴颜卑膝地死。第一条说白了就是花钱买和平，不仅是花钱，还要陪上笑脸，求着人家放自己一马。勾践已经被夫差打得落花流水了，花点钱算什么、陪个笑脸算什么，春秋征战中，死是容易的，活着才是困难的。勾践马上就按第一套方案实施了。不过吴王夫差除了在美人面前智商略低外，其他方面还算是个聪敏之人，他完全不吃勾践这一套。你只剩下五千残兵了，还都被我围在山上，完全是我盘子中的菜了，就算我不攻打你，我围上你三两个月，你自己也会因缺水缺粮而完蛋的，到时候整个越国都是我们家的，谁稀罕你的赔款、谁稀罕你的笑脸？所以这第一条对吴国来说，并没有利益增量，夫差坚决不同意。范蠡出此计划，其实是为了他的第二招做铺垫，这也是谈判中常用的策略，不直接出底牌，给自己留个转圜的空间。范蠡的第二招就是让越王勾践亲自到吴国做人质，不仅是勾践一个人，还包括王妃、亲近之臣数百人,一起到吴国去给夫差当牛做马,以此换取夫差退兵。对越国来说,如果这一方案获得吴国的同意,他们并没有多损失什么,而对吴国来说,如果不考虑将来越国复仇的话,其实他们也多了点好处,第一,越国总要有人治理,不如让勾践原来的班子做傀儡政权,也省得自己再派干部了。第二,至少多出了几百人的劳力,也许能对王宫财政预算有好处。不过,以夫差的智慧,当然知道这一方案潜在的风险,这就是越国不灭,终究会成为吴国的敌人。如果不答应吧,越国军民准备烧毁金银财宝,豁出命去做最后一搏,到时候搞不好真就成了玉石俱焚。正在犹豫间,范蠡、文种已经买通了吴国高官太宰嚭,太宰嚭是夫差最宠信的人,他在夫差身边游说,终于说服了夫差,接受了勾践的报价。

这一来事情就比较微妙了。事实证明,古代大部分的战争虽然因资源争夺而起,但归根结底还是出于统治者的贪欲,灭人之国易,灭人之心难。这勾践主动奴颜卑膝送上门来,夫差的面子可攒足了,越国的珍宝财产也到手了,夫复何求?再加上文种已经买通了吴国的太宰嚭,太宰嚭力主和议,于是夫差不顾大臣伍子胥的再三反对,最终同意与越国议和。

在范蠡、文种的成功运作下,勾践终于保住了小命,麻溜地前往吴国做奴隶了。

## 吴越争霸中的"关键先生"

范蠡等到了展现自己的机会,一出手就保全了越国,正所谓"一言兴邦"。勾践总算了解了范蠡的实力,真是相知恨晚啊!如果早听范蠡的话,现在也不至于被迫为奴,给夫差做下人、打杂。世上从来没有后悔药,只要范蠡在自己身边,不愁没有东山再起的那一天。

勾践去吴国做苦力了,那越国总要留下个人来代替越王打理啊!大败之后,整个国家都差点被灭了,此时正是要钱没钱、要人没人,要尊严还没有尊严,这个差点被重组的烂摊子,交给谁能管理好呢?别说盈利了,至少要撑到自己从吴国打工期满回来。想来想去,只有交给范蠡才放心。之前二十多年算是错过了这个人才,在风雨飘摇中才看清楚范蠡的本事,把整个越国交给他,勾践是一百个放心。于是勾践就郑重地把国事托付给范蠡。对范蠡来说,这貌似是件大好事。整个王族都被赶到吴国了,自己留在越国代管,其实就是一个国王的角色。不过当一个亡国奴的代言人,显然并不是范蠡的追求,他心中自有打算:自己一介草民出身,要想做出番事业,当然只能辅佐越王来实现。越王被迫到吴国,这其实是步险棋,越王在吴国的前途并不明朗,万一勾践被永久扣留吴国,那么自己在越国不过充当吴国家奴的角色,永远替吴国打工,不可能实现自己梦想中的人生辉煌。勾践虽然是没有什么用处的公子哥,但是吴越争霸这盘大棋,少了他勾践还真的没办法下。范蠡必须呆在勾践身边,保证他的安全,保证他将来能全须全尾地回到越国。综合考量下来,留守越国虽然有利于范蠡个人利益,他甚至可以获得类似僭主的地位,但是却不符合他的对整个吴越形势的判断。于是他向勾践说了这样一番话:

> 四封之内,百姓之事,蠡不如种也。四封之外,敌国之制,立断之事,种亦不如蠡也。
>
> ——《国语·越语下》

"四封之内",就是指国家内部。范蠡说国家内政处理方面,我其实是比不上文种的。但是在军事、外交这样事情的处理上,文种却不如我。范蠡的意思很清楚——还是让文种留在越国代替大王治理国家吧,我跟随大王您一起到吴国去做人质,我留在您的鞍前马后,或许能发挥更大的作用。

范蠡对越国几乎有再造之恩,此时的勾践对范蠡几乎是言听计从。更何况勾践自己被迫到敌国为奴,生活中必然充满各种凶险,如果范蠡在身边,自己也好有个主心骨。于是范蠡就跟随勾践到了吴国,陪着勾践一起度过了三年奴隶生涯。事情果然如范蠡所料,勾践在吴国的生活是步步惊心、生死一线之间的,多亏有范蠡上下周全，勾践才得以安全度过人质生涯。这里面的故事我们就不多说了，总之，在范蠡成功地运作下，在吴国做了三年奴隶的勾践，终于被放回越国，为了这件事情，吴王夫差都跟大臣伍子胥闹掰了。

范蠡陪着获释的勾践返回越国时已经四十六七岁了，此时的他早已经超越学狗叫的问题少年阶段，成长为一位睿智的政治家。勾践回国后，在范蠡、文种等大臣的辅佐下卧薪尝胆、励精图治，越国的实力一天比一天强大，终于有了和吴国叫板的资格，勾践开始琢磨着怎样一雪当年会稽山之耻了。这期间的过程也是很复杂的，前后时间跨度达二十多年，整整一代人成长起来的时间。特别欣赏这句话，朋友能让你感到温暖，敌人能让你变得强大，这句话用到越国身上是非常合适的。越国用了二十年的时间低调发展，目前已经不动声色地拥有强国的资质了。

吴越争霸的过程千头万绪，我们这里就不一一讲来，但有一件事情我们必须放到这里聊一聊，因为这部小册子毕竟不是普通的人物传记，更关注商道方面的内容，从这件事情中我们恰可以窥探到范蠡成功的秘密。范蠡带兵攻打吴国，吴王夫差被打败了，就跟二十年前的勾践一样，收拾收拾金银细软，带着心爱的女人和亲信卫队退缩到姑苏宫中，然后派使者前去越国媾和，希望越王勾践能看在当年被自己放过的面子上，这次也放自己一马，不要那么苦苦相逼。春秋无义战，大多数战争的起因都是诸侯们对名利的追求。眼下越国军队攻入吴国国都，物质贪欲得到满足；吴王夫差又主动派人乞求媾和，自己的面子也攒足了，勾践的确也想像当年夫差放过自己一样,放了夫差,然后把自己二十年来所受的屈辱原封不动地还给夫差,这才够酷。但是范蠡却坚决反对吴越之间媾和,他对勾践说了这样一段话:

圣人之功,时为之庸。得时不成,天有还形。天节不远,五年复反,小凶则近,大凶则远。先人有言曰:"伐柯者其则不远。"今君王不断,其忘会稽之事乎?

——《国语·越语下》

这段话的意思是,要做成一件事情一定要等待时机,时机成熟了你却畏手畏脚、临阵脱逃,那么这好的时机就会离你远去。给你机会你不用,倒霉的事儿就会接踵而至了。一般来说,五年之内盛衰之势会发生逆转,那小灾小祸的,不用等五年,马上就会出现;至于大的灾祸,不管五年十年,早晚也会到的。人们说用斧子砍木头做个斧子把,找什么样的木头来砍呢?这事儿不难啊,那斧子把的样子就在自己手中攥着呢,你就奔着这手中斧柄的样子去砍好了。大王你现在也要砍木头做"斧子把"了,这有什么好犹豫不决的?你的"斧柄"不就是当年会稽山兵败之事吗?夫差放过我们所以有今天的报应,如果我们重复他当年犯的错误,那么将来也一定会重复夫差的命运。

范蠡说得虽然很无情,但道理却一点儿都没错。关键时刻被利益和虚荣蒙住眼睛,放弃消灭夫差、统一吴越的机会,那十年后二十年后,吴越之间还是会征战不休,到时候,越国又会轮回到砧板上的肉,任吴国宰割。因此,快刀斩乱麻,把吴国彻底灭掉,是越国当前最好的选择。勾践多年来对范蠡一贯言听计从,当时就拒绝吴国使者求和的请求。不过吴王夫差不死心,不断地派使者前来乞和,同时大概也在越国高官间做了些公关,总之整得勾践有点飘飘然。再加上这几年越国国力强大,最近军事上又取得胜利,自己最大的威胁已不复存在,因此勾践内心也有点小膨胀,关键时刻想自己拿一把主意,放吴王夫差一马。范蠡是何等聪明人物,勾践那点小智商当然瞒不过他,他看看情形不妙,搞不好自己要步伍子胥的后尘,索性一不做二不休,把吴国的使者赶跑,不等勾践下达攻打姑苏宫的军令,擅作主张发兵,在几乎没有什么伤亡的情况下,一举攻克吴王宫——曾经国力强大、称霸春秋的吴国,彻底完成自己的历史使命,在列国中被除名了。等到七八百年后,诸葛亮老先生出了茅庐、三分了天下,这才又出现一个吴国政权。

至此,范蠡终于完成了自己夙愿,辅佐勾践吞并吴国,使越国终成一方霸主。当年轻狂少年对自己期许的人生目标,终于得以实现!而此时范蠡也年近古稀了。

## 知进知退是大智慧

当年时机不成熟,越王勾践不听范蠡的意见,盲目攻打吴国而闯下大祸。后来在范蠡、文种的经营下,越国逐渐强大了。一开始勾践还能卧薪尝胆,可是兜里钱多了、仓里粮多了、营里的兵多了,他就坐不住了,几次三番蠢蠢欲动,都被范蠡强行劝住。范蠡为什么不同意出兵打吴国?还是那句话,还没有得到这个"时",等到吴国君臣上下已经鱼烂,又不合时宜地发动对齐、晋的战争,再恰逢国内发生大饥荒,多管齐下,只有到了这个时候,范蠡才认为是越国灭吴的最佳时机,而且立刻动手,一分一秒都不能耽误。他是这样对勾践说的:

从时者,犹救火、追亡人也,蹶而趋之,唯恐弗及。
——《国语·越语下》

机会稍纵即逝,它一旦出现了,我们必须马上抓住,绝不犹豫,就好像去救火,就好像去追逃跑的坏蛋,就算是摔倒了也得赶紧爬起来往前奔,唯恐迟了一步误了大事。范蠡在灭吴过程中将这一思想付诸实践,等到最后关头,勾践打算逞私欲放过吴国时,范蠡不待王命,顺时而为,灭掉了吴国。

范蠡快七十岁了,在春秋时代,绝大多数人活不到这个年纪。就算侥幸高寿到古稀之年,也早已是儿孙满堂、安享天伦之乐,绝不会再去跳槽换工作。但正应了那句话,人无远虑必有近忧,范蠡此刻忧虑的是什么呢?他陪着勾践度过了在吴国那些最尴尬、难堪的岁月,度过了卧薪尝胆的日子,要是普通的贫贱之交倒也罢了,而勾践说到底是个公子哥,狠毒指数比智商高许多倍的"二代",受形势所迫不得不接受屈辱的遭遇,一旦得志,他自私残暴的本性立刻会暴露出来,这是其一。其二呢,从吴国被放回的二十多年,勾践都是被范蠡推着走的,几乎没有自己能做主的时候。虽然事实证明,范蠡的决策都是对的,正是他不动声色地积蓄实力,瞅准时机一剑封喉,这才灭了吴国,实现越国的霸业。但是正所谓小人得志最猖狂,一旦达成目的,勾践心中立刻有了清算的念头。他忍范蠡已经好久了,原来有吴国这个强敌,他不得不依靠范蠡,即使一百个不愿意也得对范蠡言听计从。现在好了,吴国已灭,范蠡的"靠山"没了,可以轮到勾践伸伸脚了。特别是这次范蠡擅自发兵,不等自己下命令就把吴国给拿下了,虽然说是赢了战争,但是让自己在吴国使者前丢了面子,心里毕竟不那么自在。在他眼睛里,范蠡再有功劳,也不过是个家奴而已。作为一个家奴,功劳固然重要,但听话才是第一位的,这范蠡看来早晚是要收拾一下的。

范蠡是何等人也?他年纪轻轻就和文种一起到越国闯荡,可不是为了给勾践当家奴的,如果想过个无忧无虑的富贵人生,以他的才能,放眼春秋晚期的列国,一大把的工作机会。人的需求有好多层次,最低的是生理需求,高一点的是尊重需求,其实范蠡早过了这些层次了,他要求的是最顶级层次——自我价值的实现。在达到人生目的的过程中,即使越王勾践也不过是个过客而已,不值得去死心塌地地效忠。于是,就在越国灭掉吴国、朝野上下兴高采烈、扬眉吐气的时候,范蠡失踪了。

根据史料记载,其实范蠡本来也试着光荣退休,优哉游哉。但是他的退休报告一提交,马上引起勾践的激烈反对,勾践是这样说的:

所不掩子之恶,扬子之美者,使其身无终没于越国。子听吾言,与子分国。不听吾言,身死,妻子为戮。
——《国语·越语下》

意思是好端端地辞什么职啊,是不是担心回到越国有人说你闲话?不必担心这个,在越国范围内谁要是敢嚼你的舌根子、谁要是不颂扬你,我就让他死无葬身之地。你听我的话,别闹了,这越国就是咱哥俩的。你要是不听我的话,一定要搞什么辞职,那就对不起了,今天的霸王勾践不是昨天的阶下囚勾践了,我不仅会下令杀了你,还会杀了你全家。

勾践的这几句话很有分量,算得上恩威并施,但主要是展示"威"的一面。首先,隐忍了二十多年,这下子终于露出恶少的本来面目，大王我言出法随，管你是谁，违拗不得。另外，也透露出一些信息，即范蠡大概有些什么话柄被落下了，不管是财务问题上的还是个人感情生活上的，总之，越国内可能已经有一些闲话了。这种情形下，范蠡的处境的确堪忧。如果此时，贪恋享受胜利的果实，继续留在勾践身边，说起来是件很危险的事情。但是，富贵不能淫是容易的，好多文人雅士都能做到，每个人都有自己的活法，富贵的确不是最好的选择；但是威武不能屈却非常难，多少文人在刀架到脖子上时，能做成文天祥、方孝孺这样的硬汉子？而顶着威胁去急流勇退、放弃曾经的荣华富贵，则更加困难，需要大勇气大智慧。

范蠡看看从越王这里体面退休大概是没戏了，于是"乘轻舟以浮于五湖"，连个再见也不说，从此在越国的政治舞台上消失了。其实比较范蠡和历史上一大堆"老虎"的结局，我们会发现，人生经验和商场经验如出一辙，一进一退、一取一予之间，道尽千古真相，司马迁就这样感叹：

> 月满则亏，物盛则衰，天地之常也。知进而不知退，久乘富贵，祸积为祟。故范蠡之去越，辞不受官位，名传后世，万岁不忘，岂可及哉！
>
> ——《史记·田叔列传》

范蠡能够在官场和商场都获得成功，并非凭空而得。等待合适的时机进，这种时机总是会有，不是今天，就是明天，但凡有点智商的人都不太会错过这种进入的机会;但择时而退,却是真正的大智慧,这不仅是一个时机的问题,更多的是指向人心本性,在利益前,何时退出才真正考验人的境界。

# 从上将军到大商人

范蠡有人生大智慧，在官场中"择时而退"了。范蠡退到哪里了呢？史书上一面说"莫知其所终极"，一面又释放出多条信息，明确地告诉读者，这范蠡其实并不是隐居起来了，而是挑战自己人生新目标——做一个成功的大商人。

范蠡是对自己人生有期许、有规划的人，他的出走并不是一时的头脑发热。对于一个商人来说，最重要的是什么？两件事，一个是资金，一个是商机。我们先说资金吧。范蠡年纪一大把了，又拖家带口地逃出越国，如果手中没有启动资金，他是干不成什么事情的，这一点往往被人们忽略。那范蠡有这项资金吗？其实是有的。《史记》里说：

> 乃装其轻宝珠玉，自与其私徒属乘舟浮海以行。

比较好玩的是，《国语》在记载这件事的时候是这样写的："遂乘轻舟以浮于五湖。"不仔细读，或许觉得《国语》和《史记》没有什么不同，其实在我看来，《史记》更符合当时的情况。范蠡出逃，带走了两样日后经商必需的东西,其一是"轻宝珠玉",没有这些阿堵物,日后怎么发展?而二是"其私徒属",这里指的就是他的创业团队。有了资金,有了团队,这后面的事情才好张罗。范蠡虽然在越国当了上将军这样的官儿,但连越王勾践自己都要吃糠咽菜、卧薪尝胆,范蠡多半也不敢当贪官,手中不会有多少钱,要不怎么说是"轻宝"呢?估计也就是多年省吃俭用攒下的血汗钱。钱不多,又要低调,这时候做什么生意最合适呢?投资农产品的生产加工是比较保险的做法。投资农业一定要选好投资地点,让自己的产品有稀缺性。当时的齐国商业很发达,盐业是它的支柱产业。这里的人不差钱,但齐国滨海,土地条件不行,农业生产跟不上,于是在齐国发展农业大有作为。范蠡决定投资风险相对较小的农业,丰收了,正好可以赚取利润;歉收了,那就不卖了,留着维持自己生活。《史记·越王勾践世家》记载:

(范蠡)耕于海畔,苦身戮力,父子治产。居无几何,致产数十万。

既然是和越王勾践玩消失,那当然就不好再叫范蠡这个名字了,他给自己起了个很奇怪的名字,叫鸱(chī)夷子皮。鸱夷是一种皮袋子,有人说当年伍子胥被杀后,吴王夫差把伍子胥的尸体装到这种袋子中,扔到江里,范蠡叫这个名字是为了纪念伍子胥,表达自己对他的愧疚。还有一种说法是,吴国被灭后,勾践把西施装到这种袋子中给沉到江里了,范蠡起这个名字,是为了纪念老情人西施。这些说法都没有什么确实的证据,如果选个浪漫点的,我宁肯相信第二种说法。

　　大约没过多少年,这鸱夷子皮先生就发了大财,家产达到数十万,这在当时已经是个了不起的数字了。单靠范蠡父子几个人,他们种地种到猴年马月也发不了财,他必定有自己的团队,就是司马迁所说的"徒属"。另外,我们也有理由相信,范蠡搞的是多样化经营,不会仅仅是种粮食。他极有可能也利用了齐国鱼盐之利,实现财富快速积累。齐国很早就实行了盐业的官方专卖制度,范蠡多大程度上参与这个产业,我们并不清楚,但可以确认的是,他在养殖业上必然有较大的成功。后世有数本归于他名下的养殖技术手册,如《养鱼经》、《陶朱公养鱼经》、《陶朱公养鱼法》等。当然,这些书籍主要流传于民间,更大的可能是不法出版商伪托范蠡的名字,图卖个好价钱。但人们总喜欢把养鱼这回事儿和范蠡联系起来,多少也说明范蠡在这方面有所成就。

　　鸱夷子皮,即范蠡,所拥有的财富量一定是非常巨大的,要不然不可能惊动齐国的国君。齐国国君听说了这个非常善于经营产业的老人,就专门来请他做齐国的国相。齐国是春秋大国,国相位高权重,即使在勾践手下,范蠡也没做到过国相。大概是盛情难却,亦或者范蠡之前都以能打仗能外交著名,还从来没以治理国家著名,因此根据司马迁的记载,范蠡接受了齐王的这个任命,但做齐国国相的时间大概并不长,他很快就调整策略、从容而退,他的辞官宣言是这么说的:

> 居家则致千金,居官则至卿相,此布衣之极也。久受尊名,不祥。

归还相印,散尽家产,世界这么大,还要去看看,于是范蠡又自动在齐国消失。不过他这次失踪和上次离开越国不一样,上次有生命危险,搞不好会被勾践满门抄斩,但这次却没有这么惊心动魄。上次只带了数量不多的资金,这次却不同,虽然散尽家产,其实还是留有余地的,史书上说他"怀其重宝,间行以去",意思是还留下了一些很值钱的宝贝,去别的地方寻找商机。范蠡到底在齐国干了多长时间,这个很难考证清楚。不过考虑到农业生产的周期,没有个三五年以上是不可能"致产数十万"的。这样算下来,从齐国再次退隐,范蠡无论如何也得七十岁以上了。到了这把年纪,还这么有干劲、这么有自信,的确是非常难得的。

一不小心成了名,齐国是呆不下去了,范蠡就和自己的团队另谋出路,他们找到了"陶"这个地方,为什么选择这个地方呢?"以为此天下之中,交易有无之路通,为生可以致富矣"(《史记·越王勾践世家》)。据专家考证,这个陶就是现在的山东省定陶县附近,范蠡最后就终老于此,从此他有了一个新的名字——陶朱公,他不再是海边从事农业生产和贸易的农场主,而转型成一个通都大邑的商人。

## "三致千金"的秘密

范蠡后来终老于陶地,史书上说他在此生意做得很成功,十九年中"三致千金",前两次赚了钱都回馈给社会、分给亲友,但用不了多久,他又会发家致富,依然是有钱人。古代有一个传说,说有一种小飞虫叫青蚨,如果把它们的血涂到钱上,这个钱用掉之后,还会自动飞回来,所以古代铜钱有个别名就叫"青蚨"。那范蠡赚了大钱,连续两次千金散尽,为什么很快又成了有钱人?难道他的钱也都变成青蚨了吗?

当然不是这样的。那是不是范蠡从事买卖不公平,搞暴利?也不是这样的,他公平得很,传说过去做生意用的杆秤就是他的发明,不仅如此,他用天上的北斗七星南斗六星做秤星,发明了十三两制,为了让商人时时刻刻记得不做黑心生意,他又在秤杆上加了福、禄、寿三星,从而形成了十六进位制。我们现在到中药铺抓药,不少地方还是用这种十六进位制的杆秤。当然这多是传说,未必是范蠡的真实事件,但人们愿意把这样的传说安到范蠡身上,说明人们对他的公平还是认可的。史书上说他在陶地"候时转物,逐什一之利","什一之利"就是利润为百分之十,这个盈利率对于从事物流营销的企业来说的确不高,远远谈不上暴利。既然如此,那范蠡到底靠什么变成了成功商人?

第一个秘密看起来也很简单,其实却包含非常丰富的哲学理念,就是一个字儿——"时",时间的时、时来运转的时,范蠡一辈子都在追寻、抓住这个"时"。这个字翻译成现代汉语,意思比较复杂,它可不是单纯的"时间"意思,如果一定说与时间有关,那就是合适的时间、对的时间。只有你在对的时间去做你想做的事情,那才容易获得成功。掌握这个"时",可以说是成功商人最基本、最必要的素质,可惜并不是每个人都能做到的。和后世的许多商人在生意场上摸爬滚打、练就一身善于捕捉机会的好本事不同,范蠡其实正好是反着来的,他先在官场上实践,等到经验成熟了,他才用到生意场,这才做到百发百中。

范蠡靠什么发财? 一不靠权势,二不靠暴利,其最主要的致富理论就是"候时转物",根据不同的时机,买进卖出,获取百分之十的利润。虽然利润率并不高,但是由于时机拿捏准确,范蠡依然能够在十九年内,三次积累起巨量财富。那这个所谓的"候时转物"到底是怎么回事呢? 其实说来也简单,可以用八个字来形容,那就是"旱则资舟,水则资车",意思就是万物运转都有各自的规律,天气大旱,当然这个时候路上交通需求大,车制造业必然红火,可是作为一个有战略眼光的商人,应该考虑收购、兼并一些造船企业,因为这个时候造船业不景气,价格走低,正是逢低买进的好时机。那么反过来也是这样,大雨连绵、河水暴涨,船的需求量激增,成为投资热点,这个时候作为高明的商人,可以考虑投资马车制造了。

范蠡的投资都是非常理性的,并非单纯地逆市而行,"旱则资舟,水则资车"隐含的是对宇宙运行规律的体认和思考。这种水旱交替是天道运行之必然规律,这种运行规律反映到商品价格上,也是两句话:"贵上极则反贱,贱下极则反贵。"不论什么商品,贵到一定的份上,则必然会跌价,反过来,便宜到一定份儿上,则必然会涨价。范蠡做的事情是什么?即所谓的"候时转物"。他等待这样形势反转的时机,拼的是眼光、哲学,不是运气。

第二个经商秘密,就是及时出手,绝不恋战。这其实和第一个是相关的。时机抓准了,这万里长征才走了第一步,要实现利润,你得把手中的货物卖掉才行啊!所以人家提出的原则是"贵出如粪土,贱取如珠玉"。满世界都认为不值钱的时候,你却当做珍珠宝贝,以极低的价格取了。就好像炒股票一样,绩优股跌得满地板是,别人都不知道大盘底部在哪里,你有这个眼光瞅准了,大量买进,甚至满仓了,这个时候你股市里赚了钱了吗?没有。买得好不一定赚钱,卖得好才是真的好,"贵出如粪土",正是对理智和贪欲的考验。好多人看到价格涨了,总觉得还能涨,本来预期收益百分之十就出手,结果都涨了百分之百了,贪欲被完全激发出来,更加不愿意出手,还希望涨到百分之二百。所以股票市场很少见常胜将军,不是技术差,是过不了心理那道坎儿。范蠡不是这样的,手中的货物涨价了,只要达到自己的盈利目标——"什一之利",就是百分之十,不多不少。欲望是没有止境的,只要达到预期就可以了。"楚人失之,楚人得之",多出的部分,让别人赚取不也是挺好吗?所以就算是再抢手的货物,在范蠡眼里也如粪土一般,早散掉早好。能够把握好"贱取"和"贵出"这两关,守住自己的原则,则十九年内暴富三次,不是什么难事儿。

　　第三个秘密,经营选址。范蠡在越国功成名就,打算转场经商的时候,他不是选择人烟稀少、风景绝美处做点小生意、顺便隐居享受人生,他在选择企业地址方面是颇为用心的。第一次选择的是齐国海滨,做的主要是农产品生意,看起来像是经营一家农场。齐国滨海土地贫瘠,粮食产量低;但是齐国自古有鱼盐之利,渔业养殖利润非常可观。虽然史书没有记载范蠡在齐国这几年是怎样经营他的农场的,但他选的地址和他从事的产业,都是很适合在齐国发展的。这也是范蠡长期分析研究的结果,否则他不可能在逃出越国之后,把有限的资金投到一个自己并不熟悉的领域。他只是没想到成功来得太快,在齐国的事业蒸蒸日上,引起了当局的注意,种植经验被推广,本人也被邀请进入政府当高官。经过短暂的纠葛,范蠡还是坚持自己的初衷,逃离名利场,依然凭着自己独到的眼光经商赚钱。继续再搞农业不合适了,在齐国的商机已经过"时"了,企业必须转型,往哪里转呢?范蠡选择了陶。从中原文化的角度来看,陶处在天下的中心位置,本身又是曹国的都会,可谓一方之政治经济中心。此处靠近黄河,地处济水、洛水的交汇点,各地商品汇集于此,正是四通八达的风水宝地,做生意的上佳之选。范蠡的团队迁到这里,与他们的发展规划是相一致的,他们现在做的不是简单的生产商,而是营销商,根据地理环境的不同,实现企业战略转型,这其实也是抓住时机的好例子。

　　第四个秘密,回馈社会,不居功、不自傲,契合老子的精神。

《史记》里说范蠡在陶经商成功,"十九年之中三致千金,再分散与贫交疏昆弟"。加上他在齐国辞去相位时,"尽散其财,以分与知友乡党",范蠡从越国逃出后,一共有四次巨富、三次散财的经历,一次是因为要逃离齐国,被动地"尽散其财",另外两次是在陶地经商致富后,主动地分给他人。不管他怎么分、分了几次,有一点是可以确认的,被称为中国商圣的范蠡,他凭借自己的智慧去追逐财富,但财富并不是他的目的;就好像他凭着自己的能力去越国求发展,辅助勾践称霸一样,这个结果也同样不是他的目的。那范蠡的目的是什么?实现自我价值,回馈于社会,这才是大商人的境界,这也是他能够一而再、再而三致富的重要原因。人生在世,金钱是没有尽头的,心中常怀给予之心,在经营过程中会更多地保持清醒的头脑,不会被一时一地的利益所蒙蔽眼睛,更容易获得长远的利益。范蠡散的不是千金,他散的是一颗对待财富的平常心,这正是大商人必备的素质。

# 财神传说

本章就要结束了,想从笔者所写范蠡的故事中寻找点经商技巧的读者,恐怕要失望了。书生之见,纸上谈兵,真正的商战经验不可能从书中得来。我所掌握的范蠡资料也不乏经商技巧,无非是人无我有、人有我优之类,这都是经商 ABC,上海街头卖玉兰花的老奶奶都知道。范蠡还有些经商传说,比如最有名的是鲁缟营销、借道贩马之类,这都是民间传说,显示出千百年来老百姓对商圣范蠡的喜爱与尊崇。正因为如此,道藏《列仙传》里说他是神仙,是姜太公的学生,葛洪的《神仙传》说他是老子的化身。东汉应劭《风俗通义》甚至说东方朔是范蠡的后世化身。豫东一带盛传范蠡死后化作蝙蝠,在中国古代各种绘画作品中,蝙蝠可是吉祥之物;传统年画上还常出现的"聚宝盆"这一高级物件,传说这货的发明权属于范蠡。有多地供范蠡为财神,制盐、制陶行业还将其奉为保护神。

范蠡名列道教中的四大财神,作为一名"财神",他的粉丝是最多的,这倒真的和大美女西施没有什么关系,虽然西施的粉丝会更多。

# "儒商"子贡

范蠡在功成名就后,扁舟一叶、飘然远去,从此越国政坛上再没有这号人物,江湖上倒是多了一个传奇富商。两千多年过后,人们早就淡忘了吴越争霸的刀光剑影,但是却会记住一个"三致千金再散之"的成功商人。怕他生活寂寞,民间传说还会很贴心地在他身边安排一位女神级人物——西施,二人夫唱妇随、逍遥江湖。其实,范蠡的成功转型,固然离不开他独特的"商道"理念,其实也离不开另外一位重要人物无意之间的支持——这个人就是被称为中国儒商第一人的子贡。我们未发现两人交游往还的史料,但揆之情理,二人应当是见过面的。当时范蠡正在越国做着高官,而子贡只是个边跟孔子读书边经商创业的学生。范蠡陪着越王勾践卧薪尝胆、励精图治,但毕竟螺蛳壳里做道场——越国再怎么折腾也就那点儿实力,想和江湖新兴老大吴国硬碰硬还是缺乏胜算。勾践几次三番按捺不住,总想找吴国单挑,每次都被范蠡当头泼一瓢冷水——不着急,再等等。范蠡在等什么呢?他在等一个人的成功,只有这个人成功了,越国才有机会向吴国叫板。这个人正是我们本章要讲的子贡,大圣人孔子的得意门生。子贡受老师孔子之命,通过一场令人眼花缭乱、叹为观止的外交斡旋,不仅救鲁国于大厦将倾,也使当时的国际形势彻底改观,用司马迁《史记》里的话说,"子贡一出,存鲁,乱齐,破吴,强晋而霸越"。子贡究竟何德何能,竟然凭一己之力,撼动了历史的走向?他又和"儒商"扯上什么关系呢?

## "优等生"

我是一名大学教师,在踏上讲台前,老师叮嘱我们要当"三好老师"——品德好、学问好、身体好,三者缺一不可。在众多老师应该具备的品德中,有一条很重要,那就是"公平",老师要对自己的学生一视同仁,千万不能厚此薄彼。这个道理大家都懂,但人毕竟不是一台电脑、一台机器,总会有自己的个人喜好。老师欣赏哪个学生,平时你是看不出来的,一个学期下来,你就看看他提问谁的问题最多,多半这几个人就是老师心中默认的高足、"优等生"。这其实不太公平,但古往今来,概莫能外,就算万古师表的孔子也不能免俗。如果把《论语》比作一学期的课堂,那谁在这个学期里被提到的次数最多呢?不是孔子声称最喜欢、连自己也比不上的学生颜回,而是有点调皮的学生子贡。子贡在《论语》里被点到了57次,颜回才被点到32次。孔子虽然从来没有说子贡是自己最看重的学生,甚至还时不时地要批评一下他,但"大数据"不会隐藏一个人的情感——子贡,才是孔子最喜欢、最看重的学生,才是孔子心目中的"优等生"。

子贡是卫国的一个普通商人,投到孔子门下学习儒学。本来他只是孔子众多学生中的普通一员,学习成绩也并不怎么特别突出,这样的学生通常不会引起老师的特别关注。子贡在求学期间,还抽空做点生意,基本属于边上学边创业两不耽误的学生。"义"和"利"毕竟是有矛盾的,重"义"的儒家虽然不反对财富,但是很少公开宣扬追求财富。子贡上学期间的经商求利行为,多多少少还引起过老师的不满。只不过孔子是教育家不是慈善家,他是要向学生收学费的,说起来从事的是教育培训业,也和"商"字沾边。学生当然也要过日子讨生活,因此孔子也不便苛责学生的谋生手段。子贡大概因为经商需要,和孔子其他学生比起来,思维敏捷、口齿伶俐,这一点倒是很受老师的青睐。孔子自己承认颜回、子贡、子路、子张四个学生,各有一项品德是自己也比不上的,其中在"敏"这方面,他承认是比不上子贡的。既然比不上那为什么还能当他的老师呢?那是因为子贡这学生"能敏而不能诎",意思大概是子贡虽然脑子快、口才好,但是并不太懂言多必失的道理,不知道何时需要装一下糊涂。

子贡后来被尊为孔门十哲之一。孔子三千多学生,能杀进TOP10,真的非常不容易,比现在某些热门公务员岗位还难考。那子贡到底是凭借什么进入这个尖子生俱乐部呢?是砸钱砸进去的还是拼爹拼进去的?当今社会上有大商人暴发了,喜欢投资文学事业,搞个什么"主义"文学大奖赛,然后自己人模人样地当起该自创"文学流派"的开山祖师,买通一大波文学评论界的资深大佬抬轿子,甚至买下报纸整版的版面鼓吹自己所谓的文学"主义"。如果只看报纸的宣传,只看评委会排在身后的一大批文坛大佬,感觉这位祖师也是当今文坛的TOP10。究其实不过是暴富老文艺青年的"文豪"意淫，加上一帮子为五斗米折腰的文坛清客捧场而已。虽然我觉得附庸风雅到底比寡廉鲜耻好，但毕竟是文化怪胎，将来必遭后人耻笑。不过，子贡用不着干这种事，他不是靠着他有钱而成为孔门优等生的，他老爹从未在历史上露过面，想来也不是有权有势之人。子贡靠的是他的专长——口才，才在历史上留下一席之地。在春秋战国时代，拥有一张能说会道的好嘴，施之于政，会成为一流的大政客；用之于商，则会成为一流的大商人。

现在某些"大师"办各种乱七八糟的"国学"课堂，又是拆字又是说阴阳的，明明是为了自己赚钱，却偏偏声称是为了提高国民素质、弘扬中华文化，整得自己成了一个为往圣继绝学的悲壮人物，把钱交给他就是交给文化复兴大业——这种"大师"很无耻。孔子不是这样的，他的办学目的很简单、很直接，就是让学生毕业了能找个好工作，既服务了社会，也满足自己的生活需求。孔子说过："诵诗三百，授之以政，不达；使于四方，不能专对。虽多，亦奚以为？"意思是你整天在我这里又学诗歌又学音乐、又学射箭又学开车的，将来毕业了，如果既不能当地方官服务于百姓，又不能当外交官去达成外交任务，那你算是白跟我学习了，当做学费的那十条腊肉也算是白交了。所以仅仅是考试得高分还远远不够，你还得能担当大事，把所学用到实践中去，这才是儒家的追求。

子贡追随孔子学习时，鲁国正处在几个强国环伺之间，国势岌岌可危，要不是凭着是周公封地的这点老资本，鲁国早就被灭掉N次了。但是春秋后期，大家都不怎么按牌理出牌，老资本也渐渐没人买账了，比如鲁国的近邻齐国，总是对鲁国虎视眈眈、垂涎三尺，时不时地想来刮点地皮、捞点好处。近来齐国的权臣田常野心膨胀，渐渐有篡夺君位之想，不过当时齐国有高、国、鲍、晏四大家族，实力也不弱，田常对这四大家族还是颇为忌惮的，一时之间还不好下手。怎样能削弱四大家族势力，让自己顺顺当当登上齐国王位呢？田常觉得战争是最好的工具。于是他命令四大家族的部队去攻打鲁国，这样自己可以在齐国国内空虚时趁机篡位。齐国这边发兵的命令一下，鲁国那边的形势立刻紧张起来，孔子为此非常担忧。齐鲁开战，弱国鲁国肯定要吃亏，搞不好也可能被从东周列国中抹掉。虽然鲁国君不君臣不臣的，孔子早就看不上眼了，但毕竟是父母之邦，自己好歹也是一个有点国际影响的儒学大师，总要为国家尽点儿力才好，于是孔子打算派一个学生前往齐国交涉。

上战伐谋，能在庙堂之上说服齐国退兵，是最好的军事策略。派谁去做这"伐谋"差事呢？老师在班级上一抛出这个问题，立刻有三个学生自告奋勇前去出使齐国。孔子掂量了一下，感觉没有一个能达成使命、救鲁国于水火，于是都没答应。这个时候子贡同学觉得没必要再装了，该自己上场了，于是他站出来向老师提出到齐国走一趟。孔子等的就是子贡主动请缨，他心中其实早就有主张了，这么重要的外交事务，只有见多识广、能言善辩的子贡才能担当得起。儒家课堂有时候很有趣，老师明明想让学生去，但是偏偏不开口，就等着学生自己跳出来；学生明明知道这趟差事自己是最佳人选，但一定要先装一下，等前面三个同学遭到拒绝了，自己这才站出来，这才合乎礼节。老师装，学生也装，有人说儒家仁义道德是"装"的学问,其实还真不冤枉,只不过"装"也是人生的重要一课,适当的装是必要的,该装还是要装一下,畜生倒是不装,但人通常不是畜生。

总而言之,"优等生"子贡主动站出来请缨,孔子这次一点儿也没再犹豫,他立刻答应了子贡的请求——史上最成功的外交斡旋行动就此拉开序幕。

## 一趟辛苦的差事

子贡这一趟差事大获成功,如果你有机会采访他,问他成功后的最大感受是什么?他一定会回答你一个字儿——"累"。太累了,为了完成老师布置的作业,在没有快捷交通工具的年代,子贡跑了当时的小半个中国,差点没把腿跑断,就算没有功劳也有苦劳。不过,相比他辉煌的外交成果,这点累是值得的。

解决问题一定要先抓准问题的症结,现在的症结在哪里?在齐国急吼吼地要攻打鲁国。齐国大军已经在路上了,秀才遇到兵,有理说不清,要救鲁国,你子贡一个人是挡不了军队的,你当然要从齐国高层开始做工作,子贡外交的第一站就是齐国。子贡跑到齐国当权者田常那里,施展自己舌灿莲花的演说本领,欲擒故纵、正话反说,把那位田大人忽悠得晕晕乎乎的。我无事忙的时候喜欢读读古人文章,发现做得好、读起来痛快的往往都是那种翻案文章,特别是那些挑战常识的文字,更容易打动读者。其实这种写法在美学上也是有解的,那就是营造一种审美的陌生感,人们对熟悉的东西缺乏美感,文章也是如此,其实游说也是这样。你都按常理来说,大道理人人都懂,想说服人是比较困难的,你必须另辟蹊径。

鲁国是弱国，好欺负，春秋人都知道，可子贡偏偏口出惊人之语，他对田常说，田先生啊，鲁国太难打了，你真的不应该去攻打鲁国。这一下子就把田常的胃口给吊起来了。子贡接着解释道，那鲁国难打在什么地方呢？主要是这个国家的城墙又薄又矮，没地儿躲没地儿藏的。更要命的是鲁国国君昏庸无道、大臣碌碌无为，老百姓都不爱打仗，这样的国家你哪能去攻打呢？你应该去打吴国啊，吴国所有的情况都正好和鲁国相反，城墙又高又厚，地势险要、易守难攻，武器装备也都很精良，士兵斗志昂扬，官长精明能干，这样的国家才好打啊，你应该去打吴国啊！

田常一听子贡的解释，鼻子差点没气歪了，本来以为子贡能透露点鲁国军事秘密，比如什么葵花宝典、九阳真经、大杀器之类，没想到说了一通胡话。他觉得这子贡大概是出门没带药，放弃治疗了——明明鲁国是个软柿子，谁都能捏两把，吴国是块硬骨头，搞不好两败俱伤，可你却游说我放弃鲁国而攻打吴国，这不是疯了吗？要不是看在子贡老师孔子好歹也是国际知名人士的面子上，田常早就把子贡给哄出去了。

子贡当然不是信口胡说，他在这里只不过运用了游说术最入门的手段，以大言惊人，故意说一个不合乎逻辑的现象，然后再一步一步地与游说对象的言行建立起因果关系，引导被游说者认识到自己的荒谬——这种技巧在春秋战国比较流行，还称不上多么高明，那时候靠嘴巴讨生活的游士基本上都会玩这一招。子贡先用这一招吊起田常的胃口，然后对田常说，其实我的话不是胡言乱语，我听说"忧在内者攻强，忧在外者攻弱"，一个国家如果朝廷内

"儒商"子贡

部不和谐,有问题了,要想办法转移一下国民的注意力,发动对外战争是个不错的解决问题办法,但一定要攻打实力强大的国家。相反,如果问题不是出在统治阶层内部,比如是国家经济建设出问题了、有了社会矛盾摆不平了,那这个时候应该攻打弱国。现在齐国的问题在哪里呢? 恰恰出在朝廷之上啊! 我听说齐国内有大臣和你不是一条心,如果这个时候派大臣去攻打一个像鲁国这样的弱国,就算取得军事上的胜利,但您老先生能得到什么好处呢? "战胜以骄主,破国以尊臣",这些参加战争的大臣们有了战功了,在齐王面前就更得势了;而齐王自己呢,也会觉得自己了不起,谈笑间就可以灭人之国,也会变得更加骄横了。田常虽然是权臣,但夹在骄横的齐王和跋扈的大臣之间,恐怕好日子也就到头了!

说了上面一大串话,其实就是一个意思,别人打仗都是赢了才有利,但是田常此时最需要的不是一场胜利,而恰恰是一场失败,这样他在齐王和大臣之间才能继续保持自己的强势地位。一场还没开打就计划着失败的战争,和谁打比较有利呢? 当然不是弱弱的鲁国,而是新兴的霸主吴国。这真是一席话点醒梦中人——田常马上后悔派兵攻打鲁国,自己忙活半天,却为他人做了嫁衣裳。子贡虽然是为了救鲁而来的,但人家说的是真有道理啊! 不过后悔归后悔,此时齐国的大军已经发出去了,国家间的战争可不是玩游戏,你说打就打,你说停就停,虽然说春秋无义战,但是田常以后还要在齐国混,万事都要讲究个分寸。子贡当然考虑到这一层,他刚才抛出一个好点子,现在马上又提供"售后服务"——大军发出了也没问题,你只要让齐军做出攻打鲁国的姿态,但是按兵不动就可以了,我前往吴国跑一趟,到时候自然有办法把吴国军队给送到你齐国家门口来,遂了您老的心愿。田常这下子对子贡完全是膜拜了,这子贡太贴心了!真是相见恨晚啊!于是他下令让齐军延缓对鲁国的攻势,同时请子贡到吴国去游说。

　　子贡接下来游说各国的过程很复杂,这一段才真正显示出子贡的外交智慧和演讲才能,我几乎按捺不住要细细道来的愿望,但我们这本小册子不是一部外交史,因此这段好玩的内容就不详细描述了,只说个结果:子贡替吴国解决了后顾之忧,让它可以放开胆子到齐国城下挑战;替越国做了精心策划,让它隐隐约约看到吴越争霸的美好前景;替晋国做了未雨绸缪,让它在可能发生的危险前抢得一步先机。这整个计策环环相扣、缺一不可,既体现了子贡对诸国军事实力情况的信息占有,也反映了他对各国统治者利益诉求和人格特点的精确把握。接下来发生的一切都按着子贡预设的路线图走:第一,齐吴交战,齐军果然大败,但田常却从中得利,更有机会篡夺齐王之位;第二,打败齐国的吴王夫差志得意满,信心和贪欲空前膨胀,果然自作主张前去攻打晋国,打算捞取更多的战争利益;第三,晋国在子贡的预警下早已厉兵秣马,给进犯的吴国军队以迎头痛击,从此奠定了自己的强国地位;第四,吴国迅速由战胜国转为战败国,实力暴跌,越国等了二十多年终于等到复仇机会,趁机出兵一举灭了吴国。等到战场上四国大战结束、杀伐之声渐渐平息,新的国际秩序形成了,这就是所谓的"存鲁,乱齐,破吴,强晋而霸越"。

　　"优等生"子贡这一圈儿外交跑下来,完成了老师孔子托付的使命,保全了鲁国,使自己成为鲁国的大英雄,更重要的是,他从此成了好几个诸侯国君主的座上贵客。鲁国就不用说了,子贡对鲁国有再造之恩;齐国虽然军事上失败了,但田常的政治目的达到了,所以齐国的当权者是感激子贡的;晋国在子贡的示警下早作安排,成功击溃吴国进犯之敌,当然也不会忘了子贡的功劳;越国在子贡的策划下,骗过吴王夫差,最终获得复仇的机会,子贡也获得越国人的信任。其实就算是这连环计中唯一的牺牲品吴国,也不见得会怨恨子贡,性格决定命运,子贡送给吴王夫差一场胜利,但夫差却倒在自己的贪欲上——路都是自己选的,真怪不得别人。

不过就算吴国要怪也怪不成了,它从此在历史舞台上谢幕了,再也没有说话的机会了,历史上的下一个吴国出现还要等到七百年后,诸葛孔明先生在茅庐里三分了天下才行。

## "一叶知秋"

子贡、颜渊、子路,其实都是孔子最喜欢的学生之一,但他们成名的招数是不同的。颜渊是靠着老师整天夸,子路是靠着老师整天骂,而子贡其实是靠着这场拯救鲁国的外交而名扬天下的。成名后的子贡后来到某个诸侯国做生意,当地诸侯接见他时竟然会与他"分庭抗礼"。春秋时期有点身份的人见个面,礼节是非常有讲究的,连站立的方位、走路的姿态、脸上的表情等,都不能有半点马虎,通常主人与客人的规格是不一样的。"分庭抗礼"的意思是主客双方采用平等礼仪,这可是外交中最高的礼节。史料在提到这个情节的时候,有意无意地暗示这是因为子贡特别有钱。不过在我看来,子贡得到这样的待遇,恐怕不是因为他是土豪,当地政府要招商引资不敢得罪他——诸侯们也不是那没见过钱的市侩。与其说"分庭抗礼"是对子贡财富的尊重,不如说对子贡才能的尊重、对他功绩的尊重。

这份来自最高层的尊重与支持,给子贡的商业发展之路带来不少便利。我虽然痛恨所谓的"人脉"一说,但是在商业文明不发达的中国古代,这个劳什子确实是做生意必不可少的。子贡行走江湖,一方面靠着雄厚的资金,另一方面也靠着他发达的人脉关系,特别是后者,使子贡与他同时代的范蠡有了深刻的不同,这种不同也反映出道家与儒家的区别。范蠡是从政治圈中跳出来下海经商的,他虽然时时抱有回馈社会之心,比如传说中的"三致千金再散之",但作为商人的他却始终与政治保持着一段距离,史料中未见他经商后与达官贵人紧密联系的记载,甚至连齐王的任命也推辞掉。子贡却恰恰相反,他把政治资本当做经商的一种资源,不仅自己有过从政的经历,而且在实际经商活动中对政商关系善加利用——这其实也是古代"儒商"的重要特点。所谓"儒商",无非是指在学术思想上尊崇儒家学说,在经营策略上注重政商之间的密切联系,二者一虚一实,缺一不可。"儒商"所看重的政商关系,如果没有儒家思想的烛照,极易走向官商勾结、唯利是图;即使有儒家思想的根底,但在利益的驱动下,这种官商勾结也的确常常发生,这也是"儒商"的符号意义大于其实践性的重要原因。我们研究儒商,一定要注意到儒商的这两个层面,更多汲取其精神层面的精华,而不能过度关注其官商结合所可能产生的巨大利益,更不宜盲目造神,声称所谓现代"新儒商",这显然是哗众取宠、大言欺人。我不赞成中国商业文化的精髓是儒商文化的说法,儒商之精华在儒不在商,还远远概括不了中国古代大商人的精神世界。我们要发扬儒商精神,并不是像子贡那样能做到一言兴邦,朋友圈里一大堆诸侯,大力培植所谓的"人脉"。那只是事物的表象,不加辨析,很容易走入官商勾结的邪路,而官商勾结与现代商业文明是完全相悖的。"儒商"强调要对自己所处时代、社会有敏锐的观察力,即使未必去结交显贵、分庭抗礼,也一定要对当下的政治经济有有深刻的理解和认识才行。

子贡具有政治家般敏锐的感知力,在处理国际事务方面能"一叶知秋",这恰恰体现了儒商的"入世"特质。子贡出使四国,最终在保全了鲁国的同时改变了国际格局,我们可以说子贡有辩才,外交能力出众,但这都不是子贡成功的决定因素,他的成功缘于对当时国际间政治军事形势的准确把握。他知道齐国的田常最想得到什么,也深知吴王夫差的性格和他一塌糊涂的内政,当然更知道勾践的卧薪尝胆想达到什么目的。在掌握了这大量政治经济情报的基础上,子贡才能准确判断四国的真实需求,他的外交活动才能获得成功。如果田常不是心怀鬼胎,夫差不是好大喜功,勾践不是励精图治,子贡就是有再好的口才也于事无补。

"一叶知秋"固然高明,但这片携带秋天消息的叶子从何而来?子贡凭什么会对这些国家的政治和国君性格了解得一清二楚呢?他当然不可能未卜先知,他的信息来自于海量资讯的分析,来自于敏锐的观察力。子贡经商走南闯北,有自己的经营团队和信息渠道,否则他不可能对各国情况了解得这么详细。《庄子》里有一个"汉阴老丈"的故事,说子贡"南游于楚"的时候,偶遇一位种菜的老先生,抱着一个瓦罐打水灌溉蔬菜。子贡出于好心向抱瓮老人推荐一种取水的机械,结果反被老翁奚落了一顿,搞得自己颇有挫败感,走了三十里路精神才恢复。根据《庄子》的记载,子贡事后和自己的学生谈了自己的看法,回到老师孔子身边,也听取了老师的教诲。虽然《庄子》里记载子贡的故事未必是史实,但这一记载还是给我们提供这样两条信息,其一,春秋时期还没有产生休闲旅游,子贡所谓"南游于楚",非商即宦,子贡相鲁、卫的经历是清楚的,这里的"南游"多半是经商。第二,子贡还在孔子门下的时候,就已经有自己的弟子了,我们可以把他身边这个群体看做他自己的经商团队。拥有团队能有效地扩大信息采集量,在缺乏信息传播渠道和传播载体的春秋时代,大部分信息资讯都是通过口耳相传的,身边拥有一大堆粉丝也是获得信息的绝佳手段。

单单有信息采集渠道还远远不够,对信息进行准确的解读、把握,才是"为山九仞"的最后那一簸箕土。如今我们到处可见"大数据"这一概念,大数据重呈现不重分析,重相关不重因果,这其实与传统的思维方式是相悖的。正是从这一角度而言,我不太看重"大数据"这一"新鲜"事物,虽然它近期可能继续存在下去,也可能给我们的生活带来一些方便,但过高估计它的功能、依赖它的便捷,对人类思维发展有很大的阻碍。我甚至认为,所谓"大数据",是人类联想力、思维力的天敌。生活可以走捷径,但思想必须披荆斩棘。子贡对信息的分析能力非常高明,这里恰好有个案例:

> 邾隐公朝于鲁,子贡观焉。邾子执玉,高其容仰,定公受玉,卑其容俯。子贡曰:"以礼观之,二君者将有死亡焉。夫礼,生死存亡之体,将左右周旋,进退俯仰,于是乎取之;朝祀丧戎,于是乎观之,今正月相朝,而皆不度,心以亡矣。嘉事不体,何以能久?高仰,骄,卑俯,替。骄近乱,替近疾,若为主,

其先亡乎?"夏五月,公薨,又邾子出奔。孔子曰:"赐不幸而言中,是赐多言。"

——《孔子家语·辨物》

邾国君主隐公来朝见鲁国君主定公,子贡有机会观摩了两国君主见面的礼仪。在仪式上他发现邾隐公有倨傲之态,而鲁定公有倦怠之情。子贡从二人往还授受刹那间的情态,准确地估计到邾国可能发生内乱,而鲁定公恐不久于人世。结果事情正像子贡分析的那样,邾隐公因为暴虐骄横被新霸主越国所废,而鲁定公不久也去世了。虽然孔子听到子贡的预测后骂他多嘴多舌,这也正是孔子所说的"能敏而不能讷",不过我们还是能由此一睹子贡"敏"的风采。两国国家元首见面,场面热闹宏大,有多少人会在喧嚣浮华间注意这短短几秒钟的小细节呢?但是子贡注意到了,他的目光就像雷达天线一样,不放过任何一个信息,对扫描到的信息进行过滤筛选,找出可以为自己所用的部分。如果把邾国和鲁国看做两家上市公司,子贡手上恰好持有它们的股份,子贡会根据自己的判断及时清仓出货,躲过两家公司崩盘所造成的股市跳水,那他一定会成为众人膜拜的"股神"。

在谷歌技术没出现前的中国古代,有了这种把握信息的能力,自然也就更容易把握商机。

## "仁"的境界

儒商往往都是积极入世的，善于对各种政治经济信息进行准确的分析，从中获得商机。不过，这还仅仅属于"术"的层面，远远不是儒商的精髓。要真正对得起这个"儒"字，单凭这些经商之术是远远不够的。儒商之所以受到人们的推崇和关注，最重要的一个因素是"仁"。放眼古今中外，多少企业家艰苦创业，靠着聪明的头脑和把握商机的能力，生意越做越红火，但正由于心中缺少一个"仁"字，最终结局不过是——"眼看他起高楼，眼看他宴宾客，眼看他楼塌了"。

"仁"是儒家学说的核心内容，也是儒商的根本。子贡多年追随孔子学仁义、道德，但他并不是只在故纸堆里讨生活、不知变通的冬烘先生。有一次子贡问孔子，管仲的前任主子公子纠被齐桓公杀了，他不仅没有陪着公子纠去死，反而当了齐桓公的相，这样的人怎么能算是仁义之人呢？因为按照老师课堂笔记，老师曾经说过"志士仁人，无求生以害仁，有杀身以成仁"，管仲如果称得上"仁"，那他应该为老主子公子纠自杀啊，怎么还能服务于公子纠的死对头呢？孔子是这样回应的：

> 管仲相桓公,霸诸侯,一匡天下,民到于今受其赐。微管仲,吾其披发左衽矣。岂若匹夫匹妇之为谅也,自经于沟渎而莫之知也。
>
> ——《论语·宪问》

孔子说了,管仲辅助齐桓公成就霸业,击退了北方强敌的入侵,要是没有这位管仲先生,我们大家早就成了奴隶了,留着夷狄的发式、穿着他们的服装。如果管仲学那些平庸之辈的作为,因为前任老板被杀了,自己也找个犄角旮旯的自杀殉葬,从此天下都不知道有管仲这号人,他怎么能成就之后的丰功伟业?我们还不得披头散发当奴隶?所以,管仲当然称得上是"仁"。恰巧孔子的另一个学生子路也问过这个问题,孔子的回答是"管仲九合诸侯,不以兵车,管仲之力也。如其仁,如其仁!"孔子跟子贡夸管仲惠民,因为子贡是商人,应时刻牢记惠及众生才称得上"仁";跟子路夸管仲息战,因为子路好武且性急,应牢记使天下太平才是大"仁"。同一件事情,针对不同的学生给予不同的答案,孔子的因材施教,这里又是一个好例子。不过虽然答案不同,孔子都强调了一个问题,那就是做人要重大节、知权变,不能死读书、抠字眼,斤斤计较于书中的条条框框。孔子这一灵活变通的认识问题方法,对子贡影响很大。

要达到惠及众生这样的层次还需要一个修养的过程,在日常生活中,还会面临一些"仁"的问题。有一天子贡又跑来问老师了,到底什么是"仁"呢?孔子是这样回答他的:

> 工欲善其事,必先利其器。居是邦也,事其大夫之贤者,友其士之仁者。
>
> ——《论语·卫灵公》

什么是仁啊?"仁"其实就是讲人与人之间的关系。你不是满世界地跑来跑去做生意吗?你不是朋友多了好办事,到处结交朋友、搭建自己的社交网络吗?那我告诉你啊,你到了一城一地,要去和那些公正清廉的官长打交道,你要和那些具有"仁"之德性的人做朋友,这样你就知道什么是"仁"了。子贡牢记孔子的教诲,在经商的过程中特别注意择友。钱是要赚的,但是如果仅为了赚钱而结交匪类,就算你一夜暴富,终究是"金玉满堂,莫之能守",看透了人生,也就更容易洞察世事。当下的确有些商人不是在那里好好做生意,总是惦记着投机取巧,去找一些立场、意志不坚定的官员做朋友,进行权钱交易、权色交易。毋庸讳言,这种事情哪个国家、哪个时代都不罕见,但是真正有涵养有绵延后福的大商人,是不屑于做这种龌龊事情的,反而是那些骤然暴富的人喜欢搞这种勾当。贪念一起,万劫不复,从历史角度来看,还未见哪个"大老虎"最后不是身败名裂的,那些跟在"大老虎"身后混饭吃的人,也大都没有好结局。大商人择友很重要,那些靠"大老虎"起家的所谓成功商人,就好像在沙滩上起高楼,外表再光鲜,一个稍微大点儿浪,一切将瞬间崩塌,那时节,即使想做郊外种瓜一农夫,也是不可得的。

有了朋友圈,朋友圈里也都是正直的人、有追求的人,那作为一个好商人,你该怎样对待这些朋友呢?普通儒者的做法是"君子之交淡如水"、"人不犯我,我不犯人",这当然也算的上"仁"了,但还称不上大气魄、大境界。子贡最初从孔子学儒的时候,也是这种想法,他对老师说"我不欲人之加诸我也,吾亦欲无加诸人",意思就是别人强迫我做我不情愿的事情,我决不答应;当然了,我也不强迫别人做不情愿的事。孔子叹了口气说,子贡啊,这你是不可能做到的。的确是这样,人生活在一个网络中,就算你能要求自己做什么,你也不可能阻挡别人做什么啊!如果人与人之间都能撇得这么清,那这世界早就天下大同了。那该怎么办?孔子给子贡指出一条明道:

其恕乎!己所不欲,勿施于人。

——《论语·卫灵公》

这句话大家很熟悉,其实最初就是孔子说给自己的商人学生子贡的。这句话可以成为儒商终身坚守的信条。别人怎么干,你是没法控制的,能担待就多担待点吧!这就是所谓的"恕"。但有一件事情是自己可以控制的,那就是你自己不想要的,千万不要强加给别人。对商人而言,这简直就是天籁之音、金玉良言啊!可惜总是被那些只关心利益不在乎仁义的人一再错过、甚至嘲弄。孔子说得多在理儿啊!作为一个房产商人,你自己不想住太贵的房子,那你就不要提高房子的价格卖给别人;作为一个乳业老总,你自己家的孩子不想喝有毒的牛奶,那你就不能卖给人家的孩子喝。

这是从自身修养角度来说的,那从客户群角度来看,怎么做才能更接近大商人境界呢？人与人之间的境界是有差别的,这是没有办法改变的事实。老子说过,"上士闻道,勤而行之。中士闻道,若存若亡。下士闻道,大笑之"。"道"不可能取悦所有人,让那些没涵养、没品位的人嘲笑自己,这才接近"道"的境界。那儒家是怎么做的呢？是不是大家都给你点赞才算是最成功的？孔子说不行,还不能这样做。应该是:

乡人之善者好之,其不善者恶之。

——《论语·子路》

让这些普通民众中那些懂道理的人都欣赏你,那些不懂道理的人都讨厌你,这才说明你为人处世的火候到了。换句话说,做乡愿,到处谄媚、讨好所有人,这并不是好事儿。放到一个经营团队中,你再小心择友、再问心无愧,你也没有办法保证你团队里都是君子、好人。那你作为领导者,要去取悦所有的队友吗？要去谄媚所有的员工吗？这真的是不必要的,你只要守住道德的底线,赏罚分明、进退以公,让团队中正直的好人都尊敬你、佩服你,让那些偷奸耍滑的、吃里扒外的都憎恨你,讨厌你——这才是理想的大商人境界,也是真正儒商的境界。

大商人境界与人情练达、世事洞明并不矛盾。作为一个团队的当家人,有的时候也要注意行事方法、分寸,就算遇上自己不喜欢、不理解的事情,也要考虑大家的意愿,不能一意孤行。子贡有一年跟着老师去看祭祀大典,看到举国上下欣喜若狂,他感到很不可理解。孔子教导他说,老百姓都辛苦了好几个月了,就巴望这这一天痛痛快快给心灵放个假,当然要狂欢了,这是什么道理呢?简单说,"一张一弛,文武之道",你整天做生意,用不着下地参加农业劳动,你是不会理解这个狂欢节日对老百姓意味着什么——这才是真正的"文武之道"啊!同样道理,作为大商人,未必了解所有员工的心理诉求,仅依靠所谓的"绩效"、"制度"来管理,听说在西方挺管用的,但恐怕还要考虑到中国传统文化的"人本"特色。有的公司从企业规模上,从老板身家上,似乎能达到"大商人"的级别,但整个公司充斥着"竞争"、"淘汰"的声音,员工们被异化成卡夫卡笔下的甲虫,这不仅对生命不尊重,其实也是对传统商业文化的亵渎,哪里能谈得上"仁"?哪里能称得上什么"新儒商"?

# 做一个谦卑的有钱人

人际交往中经常会出现这么一种情况,那就是大家都没钱的时候,相互关系其乐融融,但其中某人有朝一日发了财,"一阔就变脸",朋友也不认了、亲戚也疏远了,整天忙着脑残炫富、沽名钓誉。其实在儒家看来,贫穷的时候守节并不很难,"曲肱而卧",连个枕头都不用,一瓢水加点粗茶淡饭就解决生存问题了。可一旦有了钱,面对的诱惑就多了,遇到的陷阱也多了。所以对一个人的人格修养来说,有钱,其实是件很危险的事情。

子贡成为大商人,无论从财产规模还是思想境界上,都是有一个过程的。子贡祖上算是殷商遗民,经商是其素业,但在念孔子的儒学课前,他还只是个小商人。他真正的发达一方面是受教于孔子,学习了做大商人应具备的品质,另一方面,多年的周游列国,受命于孔子为各国排忧解难,也为他日后事业发展打下基础。在他还没有排进全国富豪榜的时候,他曾经就有了钱之后该怎么做请教过老师,师生间的对话是这样的:

子贡曰:"贫而无谄,富而无骄。何如?"

子曰:"可也。未若贫而乐、富而好礼者也。"

——《论语·学而》

　　子贡问老师,身为穷人,但是很有志气,从不去低三下四、点头哈腰地去取悦有权有势的人;而身为有钱人,虽然很有钱,但是却一点也不骄横,不说是仗着有点臭钱就瞧不起人。如果做穷人和做富人分别做到这份上,是不是就算不错了呢?孔子说了,是不错,但这都不是穷人和富人的最高境界,最高境界是什么?那就是所谓的"贫而乐,富而好礼"。贫穷不要紧,但不在乎,整天乐呵呵的,看到颜回同学了吗?穷光蛋一个,"一箪食,一瓢饮,在陋巷,人不堪其忧,回也不改其乐",这才是穷人的最高境界啊!富人也是如此,你有了钱,你不骄横,那只是最低层次的素质要求,算是底线,我上课时不是说过吗?"贫而无怨难,富而无骄易",有了钱你谦虚谨慎,只要不是富二代,只要你谦虚谨慎,做到这一点并不难,什么是最难的呢?你要好"礼",那才是移风易俗的大德行啊!

　　孔子说得多好啊!当世商人真应该和子贡做同学,一起向孔子好好学习。孔子其实并不讨厌财富,有的时候,他还对财富有那么点小向往,比如颜回是他最喜欢的学生,孔子虽然不断地在班级上夸赞他,说他是穷人中境界最高的,但是如果有机会,他还是希望颜回是个有钱人,他曾经说:"颜氏之子,吾亦使尔多财,吾为尔宰。"小颜同学啊,你要是个有钱人就好了,我恨不能做你的助手。但小颜同学不是那挣钱的料儿,孔子也就是说说而已。孔子不是没有挣钱的机会,但是他坚持必须要合乎"道"才行,周游列国,你要聘用我,必须接受我的学说,推行我的主张,否则光让我坐着高位拿干薪,那我是坚决不接受的。这就是他所谓的"富与贵,是人之所欲也,不以其道得之,不处也"。而且这老爷子对财富的环境要求也很苛刻,"邦有道,贫且贱焉,耻也。邦无道,富且贵焉,耻也"。在一个政治清明、没有"老虎"、"苍蝇"的国家里,你既没有钱又没有地位,这是挺可耻的事情;同样,在一个腐败横行、特权丛生的国家里,你大发其财,而且还能高居尊位,那才是更可耻的事情!由此可见,儒家对财富的态度其实很明确,堂堂正正做人,明明白白挣钱,这样到手的财富才符合道义,才不会像"浮云"那样抓不着、留不住。

子贡虽然是个地道的儒者,但他的确不是那种只知道死啃书本、不知权变的腐儒,孔子周游列国时如果没有子贡上下打点、跑前跑后地花刀币、布币的,孔子恐怕连个差旅费都凑不出。子贡有钱了,就去多做些回馈社会的事情,去"富而好礼"。但是大儒商的境界不是那么好达到的,有的时候好心却未必做成好事,这里有个案例,恰好可以用来区分"富商"与"儒商"的不同境界:

鲁国之法,赎人臣妾于诸侯者,皆取金于府。子贡赎之,辞而不取金。孔子闻之曰:"赐失之矣。夫圣人之举事也,可以移风易俗,而教导可以施之于百姓,非独适身之行也。今鲁国富者寡而贫者众,赎人受金则为不廉,则何以相赎乎?自今以后,鲁人不复赎人于诸侯。"

——《孔子家语·致思》

鲁国规定,凡是在外国发现鲁国的老百姓被卖做奴隶了,你帮着给赎回来,鲁国政府会按你的实际花费补偿你。子贡是个成功商人,什么都不缺,特别是不缺钱,所以他从外地赎回做奴隶的鲁国人后,从来不要求鲁国政府的补偿。这看起来是件好事儿,但孔子却并不认同子贡的做法。他说好人做一件事,不能只图自己痛快,只图自己有个好名声,更重要的是看能不能移风易俗,能不能感召更多的人做好事。你虽然是大商人,有钱,但鲁国毕竟富人少,穷人多啊!你不要政府补贴,的确很高尚,可是这样一来却把那些穷人都给绑架了,人家也费钱费力地赎回人来,那到底要不要拿政府的补贴呢?如果拿了,和你子贡一比,人家就显得特别没品。不拿吧,可自己也不富裕啊!哪经得起这折腾,赎不了三两人,自己就得破产了。这样一权衡,多一事还真不如少一事,"自今以后,鲁人不复赎人于诸侯",把好事都留给你子贡做吧!子贡想做好事,因考虑不周,反而做了坏事。所以,即使是有钱人,有钱也不能任性;即使要回报社会,也要着眼于移风易俗。

　　想做成一个有钱的商人大概并不很难,但要做一个成功的儒商,却不是一件很容易的事情,即使贤能如子贡这样的人,也要不断地自我修炼、时时得到大师孔子的提点才行。做一个谦卑的有钱人,是大商人的基本品质,而做一个对社会负责的大商人,才是真正的"儒商"。

# 子贡问玉

讲完子贡的故事,想起《孔子家语·问玉》有条材料,常常被学者拿来证明子贡发现了市场商品"量少价高"的道理。我们先来看看原文吧:

子贡问于孔子曰:"敢问君子贵玉而贱珉,何也?为玉之寡而珉多欤?"孔子曰:"非为玉之寡故贵之,珉之多故贱之。夫昔者君子比德于玉,温润而泽,仁也;缜密以栗,智也;廉而不刿,义也;垂之如坠,礼也。叩之,其声清越而长,其终则诎然,乐矣。瑕不掩瑜,瑜不掩瑕,忠也;孚尹旁达,信也;气如白虹,天也;精神见于山川,地也;珪璋特达,德也;天下莫不贵者,道也。诗云:'言念君子,温其如玉。'故君子贵之也。"

市场价格与货源多少有着直接的关系,这是普通小商贩都懂得的买卖常识,别说小商贩了,就算是一个普通人,也会在市场中迅速掌握这一简单的道理,人是趋利动物,这几乎就是人类的本能。子贡作为一个成功商人不至于装模作样地去发现这种东西吧？轴心时代中国先哲们的智商水平，恐怕要高出我们现代人好多啊！子贡当然懂量少价高的市场规律，只是他对玉和珉（珉，看起来很像玉，佢质量比玉差多了）的价格差异产生迷惑，感觉不太符合这种常见的市场价格规律，这才求教于老师孔子。孔子给他讲了一番道理，归根结底一句话，人们喜欢玉，愿意为它花大价钱，并不是因为产量少，而是因为它本身具有的这些美好的品德，这些品德也寄托了人们自己的向往，所谓"君子以玉比德"，正是从此意义而言。其实孔子在这里不经意间恰好说除了儒商最重要的品质——德，这是超出市场商品规律的，这才是经商活动中最值得珍贵的。

子贡受教于孔子，这段师生间的谈话，应该被当做中国商业史的金玉良言。如果仅仅当商品价格规律的探讨，那可真是辜负了古人之心。

"政商"吕不韦

讲完了"商圣"和"儒商"的故事，我们这一章来讲讲"政商"吕不韦。吕不韦和范蠡有很大的不同，范蠡是弃政从商，炼成一代大商人，靠的是技术；吕不韦则是由商入政，名利双收，玩的是谋略。吕不韦与子贡相比也不同，子贡悠游于政商之间，和各国政要称兄道弟，但主要身份还是一名成功商人；而吕不韦在政治投资成功之后华丽转型，升格成了战国末期著名的政治家。吕不韦是本书写作遇到的第一道难关，不是因为他没有故事可写，他的传奇故事一箩筐。我所面临的问题的是，吕不韦给我们的商业史留下了什么值得回味和传承的玩意儿？提到中国古代商人，谁都会一下子想到吕不韦的投资故事——富商在异国他乡遇上落难王子，立刻看到了成功的投资和营销术，看到了百倍、千倍的利润，这成了人们津津乐道的商业传奇，而吕不韦凄惨的下场却很少被人提及。其实吕不韦在商业史上占有一席之地是不容置疑的，但他绝对称不上是商人成功的例子，而恰恰是惨败的典型。如果我们今天仍然艳羡于他投资政治带来的骤然暴富，依然梦想着在邯郸街头找寻落难的官二代，吕不韦如果地下有知，他也一定会长叹一声：人啊，你看，就这点出息！

## 奇货可居，眼光的确独到

吕不韦与春秋时期的子贡说起来是同乡，都可以称得上是河南人。当时河南的地盘儿可大了去了，他们是卫国人，卫是保卫的卫，不是魏晋南北朝的魏。卫国人是殷商遗民，据说"商人"这一称呼，最早就是从商族人来的。商汤推翻了夏朝，建立了商朝，因此说商朝是以"商"立国，这话一点都不假。商朝灭亡了，周朝统治者把这些殷商遗民集中在卫国一带。所以说，卫国人承继祖业做点生意，也没什么好奇怪的。《战国策》说吕不韦是"濮人"，"濮"是现在的河南濮阳。"濮"离"陶"比较近，大家还记得这个"陶"是哪里吗？那正是范蠡三致千金、大发其财的地方啊！吕不韦家离陶不远。吕不韦在没有投身政治前是个商人，经常到赵国邯郸做生意。《史记》里说他"往来贩贱卖贵，家累千金"，没具体说明从事什么行当，多半是物流、贩卖一体化，赚的应该是地区差价，都是辛苦钱。

吕不韦家虽然世代经商，但据史料大体估算一下，在投资政治前他所拥有的资产并不是特别巨大，和能与诸侯"分庭抗礼"的子贡没法比，估计也比不过"三致千金"的范蠡。但是吕不韦在常年跑江湖做贸易的过程中,学习了子贡的做法,那就是虽然在商言商,但眼光要放长远,注意搜集各方面的信息,关心各国政治经济形势,掌握最新国际动态。不过说实话,这些东西对一个游士非常有用,但对一个普通商人来说价值并不是特别大。吕不韦做的是长途贩运,在2200多年前,信息传递慢,物流更慢,等你根据一条信息去组织货源,然后再长途贩运,早就晚了三秋了。这方面吕不韦不具备子贡的地位优势,子贡虽然是商人,但系出名门,是大师孔子的高足,能有机会参与诸侯的政治事务,借机结交朋友,编织自己的社交网络。吕不韦只是一个在江湖上摸爬滚打的普通商人,通常他不可能具有子贡那样介入上层社会的机会。不过战国末期的时代大变局,也激发了吕不韦那颗不安分的心,我们从他对国际政治了解的程度能判断出,其实他并不甘心做一个普通商人。时代剧变,群雄竞起,正是有才能者展示胸襟抱负的好时机,作为一个聪明的商人,他显然不想辜负这个时代,他最缺少的不过是一个合适的机会。比他早八百年的姜太公时代,一个白胡子老爷爷还可以坐在河边用直钩钓鱼,采用装傻的方式介入政治;比他早两百年的范蠡时代,一个蓬头垢面的熊孩子还可以蹲在狗洞子旁卖萌,学几声狗叫得人抬举。而到了吕不韦的时代,社会竞争激烈,现实很残酷,没有几百年前那么浪漫了,商人出身的吕不韦想跳槽转行,玩高大上的政治游戏,并不是一件很容易的事情。

  吕不韦当时所处的国际环境是怎样的呢?地处西部偏远地区的秦国,自商鞅变法以来,国力不断上升,俨然成为雄霸天下的超级大国。正在其位的是秦昭王，这位昭王可是战国时期有名的狠角色，单说一件事儿，就足以让人记住他。公元前260年，秦国与赵国大干了一架，长平之战，秦人活埋了四十多万赵国士兵，让天下人胆寒，放眼古今中外战争史，此乃绝无仅有之事。秦昭王杀人如麻，偏偏天赐长寿，自己还活得好好的，太子倒先挂了。公元前267年，秦昭王的太子去世，秦国没了储君。两年后，秦昭王立自己的次子安国君为太子。

秦国内政发生的这个变化，并没有引起大家的特别关注。不就换了新太子吗？秦昭王虽然已年届花甲，但东征西伐的一点也看不出身体衰败之相，谁会想到这里面有什么玄机。吕不韦虽然知道新太子一点后宫八卦，但作为一个走南闯北的商人，就算心中偶尔有那么一点非分之想，他也不会有参与宫斗的机会啊！宫廷政治这么神秘莫测的玩意儿，不是一个江湖商人想碰就能碰的。但世事难料，有时会机会送上门来想挡都挡不住。

事情是这样的。吕不韦在赵国都城邯郸经商时，不知为什么就那么巧，他居然结识了正在此处被当做人质的秦王子异人。那年月秦国东征西讨的，与邻国所立下的和平条约也大都不靠谱。立约后，为了保证条约的有效性，双方往往要互派人质，被送到对方国家当人质是非常危险的事情，一旦两国交恶开战，那个做人质的往往是第一个挨刀的。什么样的人容易被送去当人质呢？随便抓一个老百姓可以吗？那肯定不行，人质必须是有身份的贵族，通常是立约方的王室人员，以王子居多。如果某位王子在国内有地位、招人待见，姥姥疼舅舅爱的，进进出出有一大票亲戚或大臣保

"政商"吕不韦

着，他是不会被送出去做人质的。新太子安国君儿子有二十几个，一个大学选修班的数量，他自己都未必认得全，这其中王子异人不长不幼、不郎不秀地处在中间。异人的老妈叫夏姬，也长期得不到安国君宠爱，在老公跟前根本说不上话，儿子当然就没有地位。秦王子到赵国做人质，那可称得上秦国最危险的工作，生命安全得不到任何保障。要知道战国时代的秦国，根本就是一个背信弃义的国家，秦赵之间的战争随时都有可能爆发，秦昭王才不在乎人质不人质的，反正子孙众多，也不差这一个两个的。异人空有个王子名分，但在赵国既没钱也没势，在秦赵关系越来越紧张的情形下，他简直就是砧板上的肉，就等着赵国政府下刀了。在常人看来，这位王子是典型的垃圾股，虽然有点"概念"、"题材"，但基本上没什么投资价值，谁都不愿碰。

但是吕不韦却慧眼独具。他见到穷困潦倒、失魂落魄的异人，心里马上把自己所掌握的秦国政治信息汇集起来高速运算，运算的结果是——王子异人不仅不是垃圾股，反而是只极具价值的潜力股，值得自己用全部身家来投资。从史料来看，吕不韦出身于经商家族，见到王子异人时也不过二十六七岁的年纪，虽然有些生意场上的经验，但倾其所有去投资落难王子这种事儿，他自己也不敢私自做主，因此他去找老爸商量。父子间有了这样一段有趣的对话：

（吕不韦）归而谓父曰："耕田之利几倍？"

曰："十倍。"

"珠玉之赢几倍?"

曰:"百倍。"

"立国家之主赢几倍?"

曰:"无数。"

曰:"今力田疾作,不得暖衣余食;今建国立君,泽可以遗世。愿往事之。"

——《战国策·秦策五》

吕不韦回去向父亲汇报了,他对父亲说,种地,倒腾农产品,能有多大的利润呢?吕老爸一定也是位经验丰富的商人,他说十倍。说起来这个盈利率不算低,现在大概只有房地产企业或许有此可能,普通的涉农企业是绝对没戏的,不知战国时期吕氏家族是怎么做到的。当年范蠡第一次下海,估计赚的就是这十倍的利润,后来到了陶朱公时期,他才改行专做营销贸易,赚取百分之十的利润。接下去吕不韦又问了,咱不倒腾粮食,咱做奢侈品——珠宝,这行当利润几何呢?这当然难不住吕老爸,他说珠宝这类奢侈品的利润是一百倍。这个我相信,现在好多人跑到欧洲去买什么"驴"牌、"马"牌的包包,一个动辄数万、数十万,不就一个畜生包包吗?我总觉得这里面的利润恐怕都不止一百倍。

吕不韦很具有战国游士的演讲能力,他前面向老爸的求教其实都是装的,不过是在为下面的话题做铺垫。下面的话题是什么?是投资看起来比其他行当都赚钱的政治,吕不韦也是因为这次成功的投资,被后世称为第一政商的。他问吕老爸,如果我们投资帮人家当上国家的君主,这笔生意能赚几倍呢?吕老爸显然也是个精明的商人,他一下子明白儿子的意思了,他说这种买卖赚取的利润是无数倍啊!如果有这样的好事儿当然不能放过了!于是父子意见瞬间达成一致,即使倾家荡产,也要冒险进行一次政治投资。投资的对象不是别人,正是在邯郸城里穷困潦倒的秦王子异人。

此时满世界没有人待见异人,只有吕不韦发现了他是块"宝",认准了这次投资机会。吕不韦这一时期说了一句话,后来就进入我们的成语字典了,哪个成语呢?"奇货可居",这个词儿就打从这儿来的。"奇"不是奇怪的意思,而是少有、稀有的意思,这句话是说,稀缺资源不能随便放过,要买断,囤积起来,等待时机大大地赚一票。"奇货"指的是谁?就是在赵国梦游般无所事事、百无聊赖的王子异人,也是著名的秦始皇的法定父亲。这里之所以用"法定"这个字眼儿,主要是因为历史上一直流传着一个说法,说秦始皇其实是吕不韦的儿子。秦始皇到底是谁的儿子,的确是笔糊涂账,2000多年前就有争论了,当时的历史学家都没搞清楚的事情,我们除非做 DNA 鉴定,否则还真不太好直接定案,所以这里说异人是秦始皇的"法定"父亲,算是一个比较保守的、绝不会错的说法。

这段"奇货可居"的故事常被人们解读为成功的投资策划,我们到底应怎样看待这件事情?我们能不能因为吕不韦有野心、有贪欲,就说这种投资不道德呢?这是学儒商子贡而不成的冬烘之见。商人投资政治,哪朝哪代都有,或为名或为利,或者干脆就为了政治，这并不奇怪。就算当今世界，这种事儿也不少见啊！比如美国大选，哪次能离开了大商人、大财团的支持？这种做法虽然有风险，但看起来并不违背商业伦理，求取利润可以说是商人的天性，也是他们赖以生存的方式。子贡能从容悠游于政商二途，但不是每个人都能达到他的境界。吕不韦处心积虑通过介入政治来谋取利益，我们还不好说此举就是多么的不道德。另外还有一种看法认为，从商人人生价值来看，吕不韦这一步错了，早知二十多年后被迫自杀的结果，还真不如就在邯郸街头做一个小商贩快活。其实这是学道商范蠡不成的迂腐之见，似是而非，毫无价值。在乱世中，碰到这样绝佳的投资机会而不出手，那他一定是脑子很有问题。这种事情如果范蠡遇上会是什么情形呢？范蠡投资勾践已经成功了，不用证明自己的能力和眼光了；金钱上没什么追求了，做生意总是发财，发了财还要送人，不够忙活的，所以他也许会从王子异人身边扬长而去，或顶多甩给他几把齐刀、赵刀的，范蠡才懒得操这份心呢！如果子贡遇上呢？子贡也多半不会放过这个机会，但作为一代儒商，子贡的境界和吕不韦在不同的层次上，他交的是朋友，做的是生意，绝不会去干涉人家后宫那点事，所以子贡亦官亦商做得非常自在，甚至流芳百世，名利双收。但吕不韦毕竟既没有范蠡的飘逸，也没有子贡的潇洒，所以虽然事功卓著，著作等身（我们把《吕氏春秋》的功劳记到他头上，说著作等身并不夸张），远远超出子贡，但他身后名声和子贡比起来，真是一个地下，一个天上。

这其实也正是儒商和政商的境界差别，真不是吕不韦一个人能左右的。吕不韦投资政治成功后，并没有从心理上真正实现角色转换，依然按照商业盈利原则去处理面临的问题，其败亡只是所谓政商的必然宿命，并不能反证他当初的投资错误。

## 长袖善舞,手段的确一流

投资准确还只是策划的起点,只有后续跟进的运作成功,"奇货可居"的投资价值才能真正实现,这也恰恰是后人特别喜欢津津乐道的。吕不韦是怎样利用自己掌握的信息,为王子异人铺垫了一条原本看似不可能的通天之路呢?

吕不韦获得吕老爸的支持后,立刻动身去见秦王子异人,直接对他说,我能想办法让您荣华富贵。当时异人的处境世人皆知,那就是个被祖国抛弃的、没人要的王子,后面的事实证明,王子异人的爷爷秦昭王要向赵国开刀了,根本就不顾及这个乖孙子的生死。而赵国呢,举国上下恨不能把秦国人赶尽杀绝,哪里会给这个靠边站的秦国王子好脸色?王子异人虽然是个公子哥出身,但他并不是傻瓜,当然知道自己的尴尬处境。这个时候你吕不韦突然跑来说能让我荣华富贵,这不是拿我寻开心吗?所以在王子异人眼里,这吕不韦就好像那些打电话告诉你中大奖的骗子,而且骗术的技术含量还非常低,简直有点侮辱自己的智商。因此他不客气地对吕不韦说:"且自大君之门,而乃大吾门!"——得了吧老兄,你别在这儿瞎忽悠了,我已经够倒霉的了,还拿我开涮!有这样的好机会你自己先发了财再说吧,到时候我跟着你沾沾光就行了。

遭到落难公子哥的讥笑,吕不韦并不生气,他继续神神秘秘地对异人说,你不了解啊,这里面是大有玄机的,只有你富贵了,我才能跟着你一起富贵啊!王子再脑残,也能听明白吕不韦指的是哪件事儿,还不是老爸近来当了太子,自己作为太子的儿子,身价的确有点看涨。将来老爸当上秦王,自己理论上有那么点机会在秦国政治舞台上跑个龙套什么的,只不过这样的机会很渺茫。眼下一个人被扔到赵国,无财无势,朝不保夕,对参与秦国政治这事儿早已心如死灰了。如今吕不韦把话题往这个方向一引,异人禁不住心动了一下,于是邀请吕不韦坐下好好唠唠。

吕不韦说你朝中无人,自己又在赵国当人质,天下人都知道,秦赵之间早晚还有一场大决战,一旦两国打起来,你就是第一个死的啊!你现在愿意听我的计策,我帮你上下打点,想办法使你将来登上秦王的宝座。落难王子和秦王宝座的距离可不是一般的远,有点像地球和金星的距离、现实和梦想的距离。吕不韦有什么办法让金星撞地球,让梦想变现实呢?《史记》里这样记载着吕不韦的策划案:

吕不韦曰:"秦王老矣,安国君得为太子。窃闻安国君爱幸华阳夫人,华阳夫人无子,能立適(dí,通"嫡")嗣者独华阳夫人耳。今子兄弟二十余人,子又居中,不甚见幸,久质诸侯。即大王薨,安国君立为王,则子毋几得与长子及诸子旦暮在前者争为太子矣。"子楚曰:"然。为之奈何?"吕不韦曰:"子贫,客于此,非有以奉献于亲及结宾客也。不韦虽贫,请以千金为子西游,事安国君及华阳夫人,立子为適嗣。"子楚乃顿首曰:"必如君策,请得分秦国与君共之。"

　　这里说的秦王就是秦昭王,再怎么说也花甲之年了,强大的秦国当然要后继有人。现在王子异人的老爸安国君刚被立为太子,他当上秦王是迟早的事儿。安国君一当上秦王,那立太子的事儿就要提上议程了。安国君最喜欢华阳夫人,按说立华阳夫人的儿子最合情合理,可偏偏华阳夫人没有孩子。这样一来安国君二十多个儿子,除了异人被抛到外国没机会参与竞争外,其他人都会觉得有机会当当太子候选人,于是乎他们会天天勾心斗角为这个事儿争。那吕不韦打算怎么做呢?他以自己精明商人的敏锐眼光发现,别看华阳夫人没孩子,但在诸子争嫡的过程中,她依然能起到最关键的作用,只要把她的路子走通了,事情就成功了一多半了。所以吕不韦愿意奉献巨额家产,去秦国为王子异人打点关系,争取让华阳夫人认异人为嫡子,这样将来异人的老爸一登上王位,异人就顺理成章地当上秦国太子了。刚才引文里说的子楚就是王子异人,那是他回秦国后华阳夫人给起的新名字,听起来的确比异人好听些,不过华阳夫人不是为了叫起来顺口、好听,而是为了让异人不要忘了华阳夫人的娘家楚国,不要亏待了楚系外戚。

　　吕不韦的确有先见之明,但有钱也不能任性,他清醒地认识到这次大投资的核心价值点在哪里,然后围绕这个核心点展开一系列行动。不过就算是路线清楚,这项计划实施起来还是有不少困

难的,其中最大的困难是这样两个:

第一,吕不韦只是一个商人,虽然有点钱,但并不是那么容易就能接触到贵族高层人士。他想直接游说秦国太子的华阳夫人,以他目前的身份并不是那么容易实现,他连接近秦国王宫的机会都没有。

第二,就算是华阳夫人同意立异人为嗣子,现在异人的身份是秦国的人质,秦赵关系这么紧张,赵国肯不肯放异人回秦国还是个大问题。

这两大困难是有先来后到的,解决了第一条,第二条才会产生,因此吕不韦先要想办法搭上华阳夫人这条线。具体通过谁的关系搭上了华阳夫人,《史记》说是通过华阳的姐姐,《战国策》说是吕不韦找上了华阳的弟弟。两部书的记载虽然在细节有出入,但性质都是一样的,吕不韦先成功游说华阳夫人楚系外戚,具体的说辞也都差不多,无非是"以色事人者,色衰而爱弛,爱弛则恩绝"那一套道理,特别容易打动外戚家族患得患失那根弦。通过华阳楚系外戚的引见,吕不韦成功见到华阳夫人本人,并说服华阳夫人同意立异人为嫡子。这第一步棋走成了,吕不韦的投资已经能隐隐看到利好消息了。不过王子异人也要争气,不能还像以前那样无所事事地混日子了,吕不韦给他提供了一大笔钱,打造他的全新公众形象。经过吕不韦的包装设计,再加上大手大脚地花着别人家的钱不心疼,异人一改当年的落魄之态,挥金如土、广结天下才俊,成为大家称颂的贤良之人。有了钱可以把某人捧红,这一招古人早就会了,还真不是当代土豪们的发明。华阳夫人听到外面的信息反馈,都是说异人好话的,她觉得让异人当自己的嗣子真是最合适不过了,于是请求老公安国君把这个事儿答应下来。担心安国君将来变卦,华阳夫人还要求老公在玉上刻下了契约,发誓永不食言。就这样,其他二十多个王子还在懵懵懂懂做着荣华富贵梦的时候,远在国外当人质、早就淡出宫廷政治的王子异人,就已经获得当华阳夫人嗣子的承诺,他的准太子地位板上钉钉了,没有人能撼动了。

  这一系列运作都是暗地里紧锣密鼓地进行的,因为毕竟现在还是异人的爷爷秦昭王在位,异人本人还是人质身份,低调一点才会更安全。不过王宫八卦流传最快,虽然还不可能有正式文件公布,王子异人的境遇已经和之前不可同日而语了,他从一个无人问津的落魄王子,一下子成了赵国社交场合上炙手可热的人物。虽然他的老爸也无非是个太子,但稍微有点远见的人这个时候都会看出,异人前途不可限量,赵王当然也看出来了。这一年秦赵战事一触即发,按照《史记》的说法,秦兵再次围攻邯郸,赵王吵着要杀异人,结果吕不韦花了600斤金贿赂看守,让异人逃出邯郸,直接投奔城外的秦军;赵王很生气,又要杀异人的妻子孩子,也就是赵姬和后来的秦始皇。结果呢,赵姬母子躲到娘家,赵王的军队居然没找到,这样赵姬母子也活下来了。我认为司马迁老先生在写这一段的时候,大概自己也未必相信。小说里可以出现"无巧不成书"的情节,历史里偶尔一次也不是不可以,可是接连出现两次,好事都被一家人占了,这就有些不靠谱了。赵国再弱也是战国七雄之一,如果赵王铁了心想杀个把人质,这个事情不会多么难。就算是异人跑了吧,想拿异人的家属开刀,那更不可能失手,结果最后竟然让他们全家都逃掉,这个事情太过怪异。好在我们还有《战国策》可以对照着看一看。阅读历史常会遇到这样的情况,多读读、多看看,真相才有可能呈现出来。按照《战国策》的说法,吕不韦先是成功说服赵王,赵王主动放了异人一条生路,然后留下异人的夫人孩子继续当人质,看起来这个版本的解释比较靠谱。当时吕不韦是怎样游说赵王的呢?《战国策》这样记载:

> 子异人,秦之宠子也,无母于中,王后欲取而子之。使秦而欲屠赵,不顾一子以留计,是抱空质也。若使子异人归而得立,赵厚送遣之,是不敢倍德畔施。

吕不韦说这个异人王子啊,在秦国没什么地位,王后打算立他为嗣子,当然他现在还不是。如果秦国想灭赵国,是不会为了这样一个王子而停战的。所以赵国的这个人质其实是没什么实际作用的。但是如果赵国把异人放回去,并且多送他金银财宝,那情形就不同了。他回去一旦当上了太子,以后再继承王位,他一定会报答赵国的!你听,多好的生意啊!赵王就算再生气,可是细想想,杀异人百害而无一利,放个长线投资,将来备不住会有意想不到的收获。于是战国外交史上比较奇葩的一幕出现了,人质本来是用来在两国关系交恶的情况下杀着解气的,可是赵国竟然在秦军大兵压境的情况下,放了作为人质的秦王子异人。异人回到秦国,就像鱼儿回归了大海,小鸟飞回了森林,这下子可以大展宏图了。在吕不韦的精心安排设计下，异人前去拜见华阳夫人，果然获得华阳夫人的欢心。几年后，老秦王去世了，安国君当上了新秦王，异人，这时候改名叫子楚了，也如愿被立为太子——一个中国古代版的麻雀变凤凰、丑小鸭变成大天鹅的童话上演了。吕不韦给王子异人铺垫的这条登天之路，如果看做投资的话，说它是古今最成功投资并不夸张。

回顾整个事件，我们发现这里面的确有些共性的东西，值得作为商业史的典型案例关注。首先是对国际大势的准确判断。秦国当时已有并吞天下之气概，投资秦国事业，能保证更好的投资回报。如果吕不韦在邯郸碰到的不是秦王子异人，而是什么东周王子、韩国王子，他也盲目下手，那最后一定会砸到手里，倾家荡产。第二，通过对各种细部信息的综合分析，了解不同人的消费需求，对症下药。比如受秦太子宠爱的华阳夫人最想得到的是什么？华阳夫人的楚系外戚最怕失去的是什么？赵王在秦军大军压境下，又抱有怎样的幻想诉求？这些信息的获得，都成为吕不韦采取行动的直接依据。风险与利润总是成正比，这几乎是真理。一旦异人的二十多个兄弟中有捷足先登者，直接走了华阳夫人的门路，那异人就没有什么机会了。或者华阳夫人及其家族不愿意接受异人，他们在其他王子中寻找更有背景的合作者，吕不韦也会落个竹篮打水一场空。就算这些问题都不存在，那还有最后一条，秦赵之间血海深仇，如果赵王盛怒之下玉石俱焚，说什么也要拿人质异人拿来开刀，吕不韦所有的投资就都打了水漂。可以说，吕不韦投资的成功率，与他对所掌握信息的准确分析成正比。

作为一个商人，吕不韦已经将自己的聪明才智发挥到极致。投资成功后，吕不韦接下来他的角色发生转变了，他能否还能继续书写他的传奇？

## 成功上位，商人亦可为政

　　王子异人成功上位，吕不韦也随之迎来自己的人生辉煌，他华丽转型，由一个江湖商人摇身一变成为朝廷政客。经商与参政毕竟是不同的，吕不韦能适应他的新角色吗？中国古代品人术喜欢从一个人的动机评价他的结果，从他的道德修养看他的人生价值。如果这样看起来，吕不韦帮助王子异人的动机显然不纯，他不是看到异人吃不饱穿不暖，本着"老吾老以及人之老，幼吾幼以及人之幼"的心态去救济异人，他就像个赌徒一样，把所有的钱都押到异人身上，指望着异人将来的回报。这种行事方法不仅儒家不接受，道家更是对此不屑一顾。再说道德标准，吕不韦显然不是一个高尚的君子人，且不说别的，仅他与秦王嬴政母亲赵姬那段掰扯不清楚的八卦绯闻，就已经让后世儒者鄙视了。不过如果暂且抛开动机和个人修养，单纯看吕不韦这个人在历史进程中的价值，我们说他是战国末期杰出政治家，并不算过誉。

　　我们先来看看吕不韦转型后的人生履历。异人返回秦国后，在吕不韦的安排下，穿着楚国风的时装去讨好华阳夫人，大得华阳夫人的宠爱，华阳夫人干脆给异人改了名，就叫楚，史称子楚。子楚是回国后当上太子的异人,而异人呢,是还没有发达流落邯郸的子楚,其实是一个人,为了讲故事方便,我们还是叫他异人吧。异人成了华阳夫人的嗣子,地位一下子从平地到青云,吕不韦也跟着异人光大门楣。其实在异人还没有回归秦国时,吕不韦已经被秦国政府批准当异人的"傅",就算是进入政府公务员系统,按说应该能拿国家的俸禄了。"傅",是给太子当老师,职位非常重要,在所有政府工作里面,这算是最有前途的一份工作了。安国君只当了一年秦王就驾崩了,接下来异人就顺理成章当上了秦王,史称庄襄王。吕不韦得到的回报是什么?职位,丞相;爵位,文信侯;俸禄,食邑十万户。"侯"的待遇也是分级别的,就好像现在大学里的教授还分了好几级,拿的薪水都不一样、每节课的课时费也不同,就连要求坐班解答学生疑问的时间也不一样。食邑十万户的俸禄,在"侯"这一级别里,绝对属于高薪阶层了。吕不韦策划异人上位成功,他也开始享受到当初投资所带来的回报了。

庄襄王,也就是当年的王子异人、后来的太子子楚,好日子也没过上几天,当了三年秦王就去世了,儿子嬴政即位。这个嬴政就是后来鼎鼎大名的秦始皇,不过现在他还只是一个13岁的小孩子。吕不韦依然担任相国职务,但是经过几年的经营,他的地位已经今非昔比,特别是异人去世后,他几乎算是异人的托孤之臣,肩负的责任更加重大了,被嬴政尊称"仲父"。说到这里,我们要稍微科普一下什么叫"仲父"。"仲父"本来是指自己叔父辈中最年长的那一位叔叔,可以说简称"大叔",但后来演变成君主给国家重臣的尊号,这个重臣当然不是自己叔叔,只是一种尊称,表示君主不拿他当外人，父亲不在了，这个"大叔"就相当于自己的父亲。我们说过去家天下、家天下，君主的家就是天下，天下都是君主自己家的，通常不会让外人闯进他的家庭。在吕不韦之前，只有齐国的管仲获得过这个尊号，被齐桓公称为"仲父"，几百年了再也没听说有这样的事情。吕不韦当了秦王嬴政的"仲父"，那真是祖坟上冒青烟了，做商人投资回报能到这个程度，这个利润率真是无法计量。

我们前面说了，吕不韦是个很有投资头脑的商人，他投资政治，辅佐异人最终当上了秦王，这种做法其实也符合商业伦理，"奇货"谁都"可居"，吕不韦来"居"一下，并没有什么不道德。现在的问题是，吕不韦所获得的回报是双重的，既有"权"也有"利"。"利"本来就是自己所求，坦然接受这一回报也并无不妥。但是作为一个经商出身的政客，他能处理好"权"的问题吗？他是否具有治理天下的才能呢？综合各种史料，我们发现吕不韦在这方面还真是不欠缺，他的确有高超的管理才能。历史学家也大都承认，秦始皇能成功统一天下，与吕不韦从政十几年的辛苦经营是分不开的。

我们先来看看吕不韦对秦国军政的改革。秦军在战国后期之所以让各国闻风丧胆，不仅仅是秦人自古民风彪悍、能征善战，更重要的是他们有一条非常残忍的大屠杀政策，即所谓的"计首授爵"。不要小看这四个字儿，这可以说是人类战争史上最残忍、最没有人性的政策了——在战争中完全以消灭对方肉体为目的，军人凭着战场上砍回来的脑袋计算功劳、兑现奖赏。秦赵长平之战，四十多万赵兵被杀，可以说就是这种政策带来的直接恶果。如果两国交兵,打完一仗后还是各家过各家的,倒也罢了,战胜国当然不必理会战败国的痛苦与损失。但是秦国要想统一天下,将来这些战败的国家都要划入秦国的版图,战败国的子民也将成为大秦帝国的子民,那秦国原来的战争法则显然不合时宜了。为什么这么说呢?第一,"计首授爵"会激起更强烈的反抗,对方军民知道早晚是个死,与其投降被杀,还不如拼个痛快,这会大大增加秦国统一天下的成本;第二,战争结束后,天下一家,秦国马上面临战后重建任务,可是你把这些被灭国家的青壮劳力都杀光了,那不是自损手足吗?从一个商人的角度来看,这根本就是一桩亏本的买卖。因此,吕不韦当政后,更侧重通过威逼利诱的外交手段,来一步一步削弱六国的力量,而不是靠这种残暴的战争杀戮。他主张施行"王者之治",提倡"义兵",单从这些政策上就已经隐约可见一个政治家的胸怀了。

吕不韦的"义兵"政策包括哪些内容呢?内容很繁杂,说起来就像是秦国军队版的"三大纪律,八项注意",这样做的目的是让秦兵攻入一个国家之后,"民知所庇矣,黔首知不死矣"(《吕氏春秋·孟秋纪·怀宠》)。你攻下一个国家,这个国家的老百姓听说是秦兵进城了,知道这下子安全有保障了,好日子有奔头了——这样的队伍谁不欢迎?这样的国家才有统一天下的气魄。吕不韦当政十三年,很少见秦兵大屠杀的记录,与当年秦昭王的军事政策几乎完全反着来。只是在吕不韦死后,秦王嬴政才完全抛弃了吕不韦的战争策略,又走回他爷爷暴力统一的老路。好在六国已经实力不济了,统共也没有多少兵马,秦兵就算再残暴,也没机会重演长平之战那样的人间惨剧了。

军事上如此,那在内政上吕不韦有什么建树呢?他最大的功绩在人才培养上。吕不韦特别注意为秦国培植有用之才,史书上说他有门客三千。当然这里面肯定也有培植私党、维护吕氏家族利益的动机,但客观上吕不韦的门客团队还是成了秦国最大的人才储备库。这里面有两个人最为著名,一个是秦朝宰相李斯,大家都比较熟悉,这里就不详谈了。第二个当属少年天才甘罗,这小鬼如果放到现在,比某地出现的"五条杠"少年不知要强过多少倍。我们不妨在此讲讲吕不韦与甘罗间的故事。当时吕不韦觊觎赵国河间地区的土地,于是想联合燕国攻打赵国。可是要去燕国,又必须经过赵国,事情就变得复杂起来。派谁去燕国达成联合使命呢?吕不韦想到了久经战阵的张唐。但没想到张唐不干,他说我和赵国打仗时没少杀赵国人,现在赵国有悬赏令,说抓到我可以得到一百里土地的奖赏,这趟差要经过赵国,我可去不得。吕不韦被张唐拒绝,心里很不高兴。这时候他的门客甘罗自告奋勇去说服张唐。当年甘罗只有十二岁,吕不韦觉得甘罗是胡闹,就斥责说小朋友你不要调皮了,我堂堂相国说的话,张唐都不听,他怎么可能肯听你一个小孩子的?哪凉快哪呆着玩去吧!甘罗是这样回应的:

> 项橐生七岁而为孔子师,今臣生十二岁于兹矣!君其试臣,奚以遽言叱也?
>
> ——《战国策·秦策》

甘罗说你别看我小，人家项橐七岁就能当孔子的老师了，我都十二岁了，比项橐还大五岁呢！您老就让我试试看，哪能还没试试行不行就骂我呢？吕不韦听甘罗都这样说了，那就让他试试吧，死马当活马医。于是甘罗就跑去见张唐，他也没别的废话，只问了张唐两个问题，第一个问题，你的功劳比起当年的武安君白起怎么样？张唐说当然比不上了，那白起攻城拔寨，为秦国立下汗马功劳。那第二个问题，当年的应侯范雎和我们现在的吕不韦大人比起来，谁更受秦王的宠信？张唐说那范雎显然比不上当今的秦王仲父吕不韦。甘罗说那么好了，我们一起来回顾回顾历史吧！当年范雎想攻打赵国，白起发表反对意见，结果怎么样？就在咸阳城边上把白起绞杀了。现在您功劳不如白起，居然敢不听受宠信程度高过范雎的吕相国之命，我觉得你大概快要死到临头了，趁早准备后事吧。张唐被这个小孩子一说，惊出一头冷汗，也不管什么赵国人抓不抓他换地皮了，收拾收拾行李就上路奔燕国去了。这个甘罗在历史上一露面就是一场漂亮仗，受到吕不韦的重视，成为中国少年儿童的典范。更绝妙的是，甘罗在张唐出发后，还主动向吕不韦请缨，借了五辆车，到赵国出使，通过自己雄辩的口才，说服赵国主动向秦国献出河间五座城的地盘，成就一桩"上攻伐谋"的典型案例。吕不韦门下居然能出现甘罗这样的天下奇才，则有几个李斯这样的治国良吏，一点儿也不奇怪。

吕不韦第三个大贡献是组织门客编纂了一部《吕氏春秋》，为秦国将来统一天下、治理国家提供了资政参考，也为后人保留了大量历史资料。据说当时这部书写完后，吕不韦将它挂在都城咸阳的城门上,高调征集批评,声言谁能改动一个字儿,就赏赐他一千金。"一字千金"的典故也就是这么来的。这个案例经常被当做商业炒作的经典案例,现在的所谓网络推手,大概也从吕不韦这里获得些创意。清朝编辑《四库全书》的大臣们,虽然看不起吕不韦,说他是"小人",但是也不得不承认,这部《吕氏春秋》"持论颇为不苟",算是部值得传世的好书。

## 机关算尽,终究黄粱一梦

担任秦国相国期间,商人出身的吕不韦表现得相当优秀,如果把中国古代所有的宰相做一个政绩排行榜,吕不韦就算进不了TOP10,也绝对有把握进得了TOP30,算是宰相群体里的"985"了。吕不韦门下人才济济,但让他自己也没想到的是,他最终倒霉也恰恰倒霉在推荐"人才"上。吕不韦的败亡彻底消解了他多年的辛苦经营,我相信,他在端起毒酒自杀的那一刻,想想自己的人生,或许还真不如只念初心、做邯郸市上一小商贩。

那么他到底推荐了什么人才,能让他大好的"政商"人生彻底崩盘呢?

这个被吕不韦推荐的人叫嫪毐(lào ǎi),从史书上看,他几乎就是上天专门派来败坏吕不韦的。不过,就算嫪毐是杯毒酒,那也是吕不韦费尽心机自己酿就的,吕不韦特殊的人生经历和价值取向,决定了他的命运。要完整地说明这个事情,我们还是要从秦王嬴政的母亲赵姬说起。赵姬是赵国人,当年王子异人在吕不韦的成功策划下,得到父亲立他为嫡子的保证,并且也得到来自父亲的资助,终于在赵国过上了和王子身份匹配的富足生活。异人的境遇稍有改善,花花公子的本来面目就开始暴露了。有一次他参加吕不韦的酒宴,看到了吕不韦的小妾赵姬,居然两眼发直、一见钟情,最后竟不顾廉耻地向恩主吕不韦提出要人。那吕不韦是什么反应呢?《史记》里是这样说的:

> 吕不韦怒,念业已破家为子楚,欲以钓奇,乃遂献其姬。

吕不韦一开始很生气——动了我的时间,动了我的金钱,如今还要动我的女人,这真是"是可忍孰不可忍"啊!但事情已经运作到这份上,自己几乎为异人花光了全部身家,已经完全被异人绑定套牢,如果这时候因为一个女人而前功尽弃,那也太亏本了!干脆把好事儿做到底,满足了公子哥的无理要求,就当继续投资了。有人说,这其实是吕不韦特意安排的"非诚勿扰"好戏,到底是不是这样,除了吕不韦和赵姬,别人是很难弄清楚的。总之不管是被逼还是主动,赵姬被吕不韦送给了王子异人,从此吕不韦在秦国后宫有了自己的内线。

几年后异人当了太子、当了秦王,俗话说,"一入侯门深似海",吕不韦就算再怎么巴望着和赵姬藕断丝连,他也没这个机会啊!但是赶巧的是,异人当了三年秦王就去世了,赵姬年纪轻轻守寡。嬴政即位的时候还是个 13 岁的孩子,吕不韦算是顾命大臣,有大把的机会和已成太后的赵姬见面,于是就有绯闻流传,说二人旧情复发,重新坠入爱河。甚至有人认为吕不韦本来就是个多情种子,十几年过去了,还一直暗暗恋着老情人赵姬,这次恰好上天创造机会,二人鸳梦重温。不过我总觉得这种说法不太靠谱。吕不韦做事精于算计,当时自己的大靠山异人去世,新即位的秦王不过是个孩童,而这些年秦国四处征战结怨颇多,这种情形下,单靠他吕不韦一己之力是很难维持朝廷正常运转的,他必须和后宫实权派赵姬结盟,防止楚系外戚、韩系外戚,还有其他元老重臣出什么幺蛾子,这样秦国才能安稳。赵姬本来就是吕不韦的女人,二人合作有情感基础。另外更重要的是,如果吕不韦不与赵姬结盟,将来赵姬身边产生新的后党势力,这对吕不韦来说是很不安全的。吕不韦是否真像史书上说的那样与赵姬旧情复发,这个不愿妄加揣测,但是他们结成共同的利益圈子,却是历史事实,也符合吕不韦一贯的行事原则。

吕不韦和赵姬结成稳固的联盟,秦国统一的步伐不仅没有因孤儿寡母坐天下而停顿,反而走得更加稳健。纵观中国古代史,能做到这一点的并不多。不过好景不长,几年后就有新的问题产生了:秦王嬴政年纪越来越大了,有些事情想瞒过他是不可能的了,将来万一哪天嬴政听到了外间朝野的议论,或者真的发现吕赵之间有不伦爱情,到时候大家都尴尬。赵姬是嬴政的老妈,再怎么样也不会有问题,但倒霉的是吕不韦啊!吕不韦以他商人的精明,感觉这个事儿必须得了断。经过这几年的辛苦经营,"后异人"时代的秦国上下都被自己安顿好了,是时候和赵姬保持安全和礼仪距离了。如果仅是简单的退出倒也罢了,但吕不韦心中又有了小算计:自己不在赵姬身边,将来一旦有新男神出现,赵姬多半不能自持,到时候赵姬的新情人得宠,他吕不韦的利益会受到很大威胁,这可是赔本的买卖。赵姬是自己手中的筹码，就算利用不上了，也不能让她成为别人的筹码，这是吕不韦经商的原则——不能让竞争对手在自己眼皮子底下出现。

大概这赵姬的确是个美男控，吕不韦算计着与其坐等对手出现，还不如未雨绸缪，推荐一个自己信得过，人傻、听话的家伙去充当赵姬的男神。吕不韦果然门下人才济济，什么样的货色都有，他还真找到了一位世所罕见的超级猛男，这个人就是嫪毐。一看这名字就觉得不是什么好东西，那个"毐"字是品行不端的意思，不知道他当时为什么取这么个名字，也许就是为了夺人眼球，不过更有可能是他倒台后，官方给他的侮辱性名字。《史记》里说他是"大阴人"，而且可以用硕大的阴部表演一些限制级的成人节目，看来的确是个妖孽。吕不韦成功向赵姬推荐了嫪毐。但嫪毐毕竟不是相国，不是仲父，一个著名的大阴人怎么可能住到秦王后宫里去呢？那显然不合适。吕不韦帮忙帮到底，又和赵姬策划，假称嫪毐犯了腐刑之罪，应该阉了做太监，然后买通那些专管腐刑的人，偷偷地放过嫪毐，却对外宣称已经把嫪毐这个著名的大阴人阉割了。经过吕不韦如此精细的设计安排，一个秦朝版的《鹿鼎记》韦小宝就正大光明地活跃在后宫了，成了太后赵姬床上的新宠。

吕不韦推荐了嫪毐，嫪毐当然对他感恩戴德，这样一来，吕不韦、赵姬、嫪毐，三个人的利益是一致的，形成一个更加稳固的利益集团。吕不韦未雨绸缪，就算将来赵姬淫乱后宫的事情被儿子发现，这也不会怪到自己头上，顶多他是奉赵姬之命给拉了个皮条而已。吕不韦精于宫廷政治斗争，各种利害关系都分析、算计到了，但他没有算计到的是，人毕竟不是商品，并非简单的贱买贵出就能获利；政坛毕竟不是商场，投入和产出并不总是合乎市场规律。以利相交，是不可能交到真朋友的，千古一理。人心不足蛇吞象，这个嫪毐傍上了太后，身份显贵，内心膨胀，渐渐地忘乎所以了，连恩主吕不韦也不放到眼里。他家里的仆人竟然有几千人，争着投到他门下想混个一官半职的门客就多达一千多人。仅仅是炫炫富倒也罢了，毕竟是太后的人，太寒碜了也不体面。但招人恨的是嫪毐仗着太后宠爱自己，居然飞扬跋扈，对朝中大臣也不尊重，动不动就敢声称自己是当今秦王的爹！愚蠢有时候很可爱，我相信吕不韦选择嫪毐时，应该对他的智商有所考察，适当的愚蠢对吕不韦有利。但是让吕不韦万万没想到的是这货居然愚蠢到可怕的地步，完全沉浸在太后的宠爱中，对自己角色的危险性毫无顾忌。眼看着嫪毐这蠢材已经失控，吕不韦为了自保，开始逐步和嫪毐拉开距离。当时秦国人自己都说，秦国有两大势力，一派是吕派，根深叶茂，另一派是嫪派，属于新兴的太后派，暴发户。吕不韦终究一着不慎，搬石头砸了自己的脚。

　　如果仅仅如此倒也罢了，以色事人，色衰恩绝，嫪毐也不可能跳踉许久。但更疯狂的是，这位假太监和太后居然生两个儿子，搞得满城风雨，让秦王嬴政面子太难看了。古人成熟早，甘罗十二岁就能给朝廷办差了，嬴政虽然说还是个十七八的半大小伙子，但什么事情能瞒得过他？不过嬴政这个人，史书上说他比较阴鸷，就是那种忍着不吭声的闷坏。一个方面是因为自己还没亲政，实力不够啊！嫪毐身后站着太后和吕不韦呢！另一个方面，嫪毐这妖孽毕竟是老妈喜欢的,这事儿就随她吧。吕不韦何等精明人物?他知道此时嫪毐蠢劲儿大爆发,自己想插手也插不上了,还是静观其变,先保证自家利益再说。

　　大家的容忍更加助长了嫪毐的野心,他觉得做太后的面首还不够劲儿,竟然做起了当太上皇的梦。人家都说恋爱中的女人智商会出问题,看来的确有道理,一对野鸳鸯算是"二"到一起了——太后竟然稀里糊涂地听从了嫪毐的建议,打算废掉秦王,让自己和嫪毐生的孽子即位。隔墙有耳,这对不伦男女的秘密不知怎么传到了嬴政的耳朵,这一年嬴政已经二十二岁了,马上就要亲政了,政治羽翼应经比较丰满了,他觉得嫪毐这只"大老虎"该处理了,久则生变,不能再拖了。从哪个角度入手比较体面呢?当然不能去彻查嫪毐和太后赵姬之间的情事,干脆揪住嫪毐是假太监这一问题开刀吧,这种事情有就是有,没有就是没有,容易说清楚。于是一场"打虎"行动悄悄地展开了。嫪毐再蠢,背后也有着庞大的利益集团支持,他老早得到了内线消息,知道即将东窗事发,有些东西藏是藏不住的,于是乎索性一不做二不休,竟然趁嬴政举行冠礼的机会,假借嬴政的名义调集兵马造起反来。嬴政是什么人物?那可是能让天下"车同轨、书同文"的人物,岂能败在一个靠床上本事吃饭的家伙手里?在自己干奶奶华阳夫人的楚系外戚协助下,嫪毐的造反很快被镇压,他的势力也遭到彻底清算。

　　对嬴政来说,如果嫪毐仅仅是淫乱后宫,因牵连到太后,实在不便多问,稀里糊涂趁早结案是最明智的。但如果是谋反,那性质就不同了,前因后果一定要整清楚,这可不是帝王家事那么简单,而是涉及国家安全的大案子。嫪毐这种小人,显然不会有什么操守,被抓起来一审问,立刻竹筒倒豆子,恨不能把他小时候偷了邻居家一根针的事儿都交代出来,他哪里能放过恩主吕不韦?《史记》里说,"具得情实,事连相国吕不韦"。到此为止,吕不韦在秦国的政治生涯就算是走到头了,他终于败在了他自己的算计里。

不过嬴政毕竟是有大胸怀的王者,一开始还真没好意思下手杀吕不韦,毕竟这位"仲父"对先王有着再造之恩,而且这么多年也确实为秦国做了不少贡献,于是嬴政特意网开一面,让吕不韦光荣退休回封地养老吧!按说事情到这里,对吕不韦来说虽然不够圆满,但也没坏到不可收拾的份上。没想到的是,六国知道吕不韦被罢免后,纷纷派使者上门聘请,让吕不韦加盟他们的政府。吕不韦本人或许并没有出山的打算,但他显然很享受这种虚荣,或许享受买方市场抬举、竞价的快感,是商人的天性,但这最终要了他的命——吕不韦退休后的不甘寂寞彻底激怒了嬴政,嬴政亲自出手将这位"仲父"逼死。

## 政与商的距离

是非成败转头空,冥冥中似乎有着一种难以摆脱的铁律。吕不韦有过自己波澜壮阔好时光,但他最后的结局也的确并非偶然。经商有经商的伦理,从政有从政的规矩,二者不可能完美融合。商人和政治之间,必须保持一定的安全距离。为什么这样说呢?第一,商业追求的是盈利,总希望以更少的付出获取更大的回报,这是商业的天性。但政治并非如此,隐形风险无法准确掌控,不是所有的投资都有回报;同样的,也不是所有的回报都按照你预计的盈利模式反馈,特别是后宫政治,从历史角度来看,参与者都很难有好下场。第二点也很重要,那就是金钱关系其实是比较纯粹的关系,商品的质量好坏,服务的水平如何,在商业原则下,都可以用金钱计量,这是商人的思维模式,也是商业文明的基本原则。买卖不成仁义在,就算赔了钱,也有再翻身的机会。但政治关系远比金钱关系复杂,以商人的眼光和经验去经营政治,就好像一个赌徒进了赌场,除非永远赢,否则一招不慎,满盘皆输。最后一点和欲望有关。经商的盈利欲望几乎没有上限,总是千方百计使利益最大化,胸中有大格局、大规划都是正常的;而从政呢,最重要是知进知退,必须控制住自己不断膨胀的野心，否则后果不堪设想。吕不韦是没有机会知道这些道理了，他至死怨恨着秦王的薄情寡义，其实他不明白：经商不从政，从政不经商，异人成名日，不韦退隐时。他已经错过了出货的最好时机，属于他的结局只能是——爬得越高，摔得越惨。

孔子说过，"智及之，仁不能守之，虽得之，必失之"（《论语·卫灵公》），可谓吕不韦最好的人生注脚。

"义商"卜式

前面的三章,我们讲的三个人都算得上是历史风云人物:没有范蠡的尽心辅佐,越王勾践要灭掉吴国,恐怕还要再多睡好几年柴火堆,多尝好几年苦胆;没有子贡成功的外交斡旋,鲁国可能早就被灭了,连孔子也稀里糊涂地做了亡国奴,吴王夫差和美女西施还会有好多年恩爱日子过;吕不韦就更不用说了,他才是大秦帝国统一天下的幕后英雄。其实这几个人说起来都不是纯粹的商人,范蠡由政入商,悠游于江湖之上;子贡广结善缘,从容于政商之间;而吕不韦以商为政,朝兢夕惕、孜孜矻矻,人生开局完美、过程超赞,最终却因政商不可调和而崩盘。但这三个人毕竟是商人中的佼佼者,中国古代商人阶层的整体社会地位并不高,他们大多数时间都沉潜在历史底层,特别是秦汉以后,要想在历史中找到他们的踪迹,说说他们的故事,的确是一件比较困难的事情。本章我们讲的是一位西汉商人,他被朝廷树立成全国学习的楷模,一时间名声大噪。在这位商人之后,正史中再很难看到对商人列专章书写。这位商人就是西汉著名的"义商"卜式。

## 家事与国事

卜式,西汉时期的河南洛阳人。

从史料上看,卜式家原本就算得上是有钱人,父亲去世早,作为长子的卜式主持家事。卜式的弟弟长大了,按照老规矩是要分家的,中国古人大概不太懂"分粥原理",清官难断家务事,"分家"属于家务事中最难办的一件。卜式并没有利用自己的长兄地位,趁分家多捞点好处,反而是处处为弟弟着想。他是怎么分的这个家产呢?《汉书》里说他"田宅财物尽与弟",就是把土地、房产这些值钱的玩意儿都让给了弟弟。那他自己留下什么财产呢?他只要了一百多只羊。

一百只羊在当时也算是不小的财富了,但从史书上的语气来看,卜式家里的财物,以及土地房屋等各类资产,应该远远超出这一百只羊的价钱。卜式分家时宁肯亏了自己,也要让弟弟满意,说起来真是一个好兄长。儒家讲究"老吾老以及人之老,幼吾幼以及人之幼",你无私奉献社会是有前提的,即首先要对自己家里人好,然后再推而广之。我们很难想象一个连自己家人都不爱的人可能去爱别人,恐怕多半是不近人情的沽名钓誉。

不过卜式对弟弟的好，还远远不止这些，真正的好戏才刚刚开始。卜式接下来的创业史虽然比不上前面几位大商人那样气势恢宏，但也颇有些传奇色彩。卜式把家产都给了弟弟，自己上无片瓦下无立锥之地，只得赶着那一百多只羊进山搞养殖了。然后史书给我们呈现了一个典型的鸡生蛋、蛋生鸡，勤劳致富的故事：卜式在深山老林里风餐露宿、起早贪黑，刻苦钻研绵羊养殖技术，整整十年的功夫，终于搞出点名堂——一百只羊变成了一千只羊。他把自己的资产扩大了十倍。按照西汉当时羊价，每只大约一千金估算，卜式现在已经拥有百万资产了。而且这十来年他也一边养羊，一边置办田产，所以这样算下来，养羊成功的卜式，已经是个不折不扣的大富翁了。

卜式在父母去世后，尽心抚养自己的幼弟。分家的时候，他也对弟弟照顾有加，把值钱的东西都留给弟弟。但古人云，慈母多败子，现在看起来，慈兄也是多败弟的。卜式虽然多方照顾弟弟，给他最优厚的生活条件，但很显然对弟弟的教育并不成功，他的过于溺爱、回护，反而使弟弟成了一个只知道坐吃山空的败家男。十几年后卜式发了财，回老家探望一下弟弟，没想到弟弟早就把当年分到手的财产挥霍一空——现如今是两手空空、一无所有。卜式的确是个好兄长，他看弟弟破落了，就从自己财产里再匀出一份给弟弟，帮弟弟重立门庭。

卜式弟弟也算是"极品"，他除了有个好哥哥外，其他方面均一无是处。他获得了哥哥的慷慨解囊后，按照史书的说法是故态复萌，又开始花天酒地、纸醉金迷，用不了多久把兄长赠送的财产又折腾光了。弟弟这么作，卜式嫌弃他了吗？没有。《史记》里说卜式"辄复分予弟者数矣"，"数"，就是好多次的意思，他又好多次接济弟弟。就这样，哥哥一边挣钱，弟弟一边败家，好在哥哥养殖、经商的技术高超，挣钱的速度远远高于弟弟败家的速度，所以，即使摊上这样一位倒霉弟弟，卜式依然没耽误发财，他的财富与日俱增，终于成了远近闻名的大富商了。

说完了卜式的家事，我们再来看看当时的西汉的国事吧。西汉王朝当时是个什么情形呢？是不是我们想象中的赫赫天朝、国富兵强？其实还真不是。西汉从建立以来，一直受匈奴的压迫，可以说西汉头几十年与匈奴的外交史，简直就是一部民族屈辱史。汉武帝时期虽然表面上商业发达、天下富庶，老百姓也休养生息、安居乐业，但王朝外有匈奴威胁，内有诸王分权，光鲜的外表下隐藏着巨大的危机。当时西汉的社会风气是怎么样的呢？以一个西汉人眼光来看，那是前所未有的道德沦丧、物欲横流，不仅普通老百姓喜欢求财求利、"背本趋末"（《汉书·食货志》），朝廷官员们也纷纷下海，做起了生意。虽说西汉初年，刘邦出台颁布了"贱商令"，对商人势力的发展算是一个打击，但是到文景之时，朝廷政策放宽，商业发展迅猛，社会财富迅速向商人阶层集中，有钱的大商人前呼后拥的，与各级政府官员称兄道弟，"贱商令"早就成为一纸空文。大家一边痛恨商人的盘剥，一面也想方设法成为自己痛恨的人，整个社会风气散发着一股浓郁的铜臭气。

汉武帝虽然好大喜功，但是他在抵抗匈奴入侵、稳定国内政治方面，的确是功莫大焉——单凭这一点，他是有资格被列入中国古代皇帝群体中的领军人物的。人们总喜欢说"秦皇汉武","汉武"指的就是汉武帝。汉武帝感觉自己的实力差不多了,于是下决心和匈奴来个彻底了断,一雪他们家自开国皇帝刘邦以来所遭受的种种耻辱。汉武帝和匈奴之间大战的细节我们就不说了,虽然结局很完美,但过程却很惨烈的。和匈奴的仗一打起来,汉朝政府的财政马上吃紧。虽然说有所准备吧,但是朝廷也没想到战争这么烧钱,眼看着就撑不下去了。就在汉朝政府最缺钱的时候,河南大富商卜式给朝廷写了封信,恳请朝廷收下自己捐献的一半家产,把这些钱用到攻打匈奴的战争中。

　　卜式这么做的确有些惊世骇俗。朝廷虽然贫穷,但是大商人和各级官员却很富有,这些既得利益者都拼了命地给自己捞取实惠,心中哪里还有一点社会担当?打仗是朝廷的事,就算是换了皇帝老儿,与我有什么相干?整个社会风气如此萎靡颓废、寡廉鲜耻,如果谁跳出来说"不",一定会让一大堆所谓"聪明人"围着他大骂——"读书读傻了"!

## "同行"相轻

卜式作为土豪阶层的一员,理应按土豪的牌理出牌,当时西汉土豪大户们的"牌理"是什么?那就是大家都忙着"闷声大发财",哪里有心思管什么天下兴亡。可是现在突然冒出一个人宣称献出自己一半家产,这不仅让天下那些为富不仁者嗤之以鼻、横眉怒对,就连汉武帝本人也摸不着头脑。当时的官员和有钱人是个什么道德水准,汉武帝"天纵英才",当然了如指掌。大家都把钱攥得紧紧的,看得比命都重要,现在跳出来一个半裸捐的,这也太令人诧异了,该不会隐藏着什么阴谋吧?现在和匈奴打仗,汉武帝口袋里缺钱是不假,但那也得问清楚了,天下哪有免费的午餐啊!你这平白无故的给朝廷送钱,你到底图个什么?汉武帝觉得得派人问问才好。

天下最悲哀的事情是什么?其实并不是老太太摔倒了没人敢扶,而是有人扶了,却遭到看客们的质疑和耻笑,遭到脑残法官的判罚。我上课的时候也曾给学生讲过,这个世界什么最可怕?可怕的不是愚昧——就算大家都愚昧,说不定"复归于婴儿",达到道家的最高境界;可怕的是愚昧对不愚昧的不容忍,这才是最要命的。汉武帝的一个小小举动,正折射出当时的社会现实。

汉武帝派出的使者去问卜式,《史记》里记下了二人这段有趣的对话:

> 天子使使问式:"欲官乎?"
> 式曰:"臣少牧,不习仕宦,不愿也。"
> 使问曰:"家岂有冤,欲言事乎?"
> 式曰:"臣生与人无分争。式邑人贫者贷之,不善者教顺之,所居人皆从式,式何故见冤於人!无所欲言也。"
> 使者曰:"苟如此,子何欲而然?"
> 式曰:"天子诛匈奴,愚以为贤者宜死节於边,有财者宜输委,如此而匈奴可灭也。"

那汉武帝派来的使者就问了,你抛家舍业的到底图什么?是不是想当官?官帽子朝廷里有的是,你要图这个,可以成交。朝廷危急时期,通过买卖官爵筹钱,在古代并不是很丢人的事儿。可卜式却回答,我就是个放羊的,除了当羊倌,啥也不会,朝廷的官我可当不了。卜式这么一说,使者就明白了,不想当官,那一定是有什么冤屈,想让朝廷为你做主,那就不妨说出来吧!朝廷替你出头。但卜式又说了,我从来不跟别人争吵,街坊有贫穷过不下去的,我总是要周济他们一下;有调皮捣蛋的,我也去好言相劝教育他们,大家都愿意和我交朋友,我哪里会有什么冤屈呢?这样一来,汉武帝的使者彻底糊涂了,又不想当官,又不想申冤,朝廷没有什么好回报你的,那你捐献这么多钱到底是为了什么?"天下熙熙皆为利来,天下攘攘皆为利往"啊,但凡做点什么事儿,大家总觉的他不是求名就是求利,把日常生活中的一切活动都看做交易,整个社会都是这样的风气,这道德水平是绝对高不了的。

既然使者问到这里了,那卜式也得有所交代啊!他一张口就说出了一番人人都懂但无人践行的大道理,他说当今圣上想灭掉匈奴,那些有才能的大人官员们,应该去前线为国家尽忠,而商人没有什么治国助边的大才能,有的就是钱,那就应该捐献自己的财产给朝廷,让朝廷腰杆儿壮一些。这样有钱的出钱,有力的出力,匈奴一定会被灭掉。

这话说得多好!但是这样的话放在西汉当代浮华奢靡的社会风气下,却显得很另类、很不真实。国家兴亡匹夫有责,中华传统美德、核心价值观,在一个变态的社会风气中,反而成了怪话、瞎话、遭人嘲笑唾弃的傻话,这实在太遗憾了。汉武帝当然是喜欢这种话的,武官不怕死、文官不爱钱、商人不贪利,这可是统治者最喜闻乐见的事情啊!但是他也拿不准卜式到底是沽名钓誉还是真心实意,这种舍小家为大家的事情倒是听说过,春秋时期郑国的弦高犒师,把自己的牛无偿献给了国家,可是,几百年来出了几个弦高啊!现在冷不丁冒出一个放羊的,也声称为国分忧,这事情怎么看怎么不靠谱。汉武帝再缺钱,卜式那半份家产,还是远远入不了他的法眼的,关键得把这个事情整明白才好。使者也没问出个所以然,那就问问自己身边最有学问的人——宰相公孙弘吧。

公孙弘是饱学大儒,早年做过养猪专业户,说起来与卜式还算

"同行"。只不过公孙弘后来改行读书，苦心钻研儒学，逐渐名声大震，七十多岁了才获得朝廷的重用。公孙弘读的书多，汉武帝非常信赖他，于是就去问他，说河南富商卜式捐献家产助边，这个事情朝廷应该如何应对？这个钱是收下呢还是拒绝呢？

公孙弘当时说了这样一句话：

> 此非人情。不轨之臣，不可以为化而乱法，愿陛下勿许。

这是很不客气、甚至有点刻薄的话。他说卜式这个家伙这么做，太不近人情了，他一定不是个好东西。如果朝廷收了他的钱，肯定了他的做法，那样的话不仅不利于教化人民，还乱了朝廷的章程，希望皇帝陛下不要搭理这个狂夫。按说卜式舍小家顾大家，这是好事儿，作为朝廷的宰相应该支持才对，那公孙弘为什么却说卜式是"不轨之臣"呢？要了解公孙弘为什么反应如此强烈，我们一定要看看他是个什么样的人，他这么评价卜式，背后的真正原因是什么。

公孙弘是西汉著名的儒家学者。刚才说过，他年轻的时候是个养猪的，算起来与卜式是同行，搞的都是家畜养殖业。只不过公孙弘的养殖技术可能不过关，干这一行没有什么前途，于是到了四十岁老大不小了，这才去发奋读书。正应了那句话"朝闻道，夕死可矣"，只要肯行动，永远都不晚。公孙弘寒窗苦读二十年，逐渐在当地有了名气，到了六十多岁上被地方政府推荐给朝廷。但是初次为官，公孙弘显然还缺乏训练，年纪又大了，不太适应官府的节奏,汉武帝觉得这个人盛名之下其实难副,就找个理由把公孙弘给罢免了。过了十来年,汉武帝又下诏让地方政府推荐贤良之人,这时公孙弘还健在,学问比十年前见长不少、名声也更大,于是地方上又把他给推荐上来(在科举制度出现之前,这种地方推荐是朝廷选拔人才的主要方式)。这时候公孙弘已经是七十多岁的老头子了,已经人老成精、世事洞明了。公孙弘二次出山显然是有备而来,很快得到汉武帝的赏识,官位节节升高,一直到拜相封侯。

公孙弘是个养猪出身的儒学大师,那他为什么这么瞧不上卜式这位靠养羊发家致富的商人呢?史书里没提这事儿,但思前想后,觉得大概有这么两条原因:

第一,从学术思想上解读这件事情。当时的儒学水平普遍不高,公孙弘虽然是"大师",但他对儒家的理解还是有偏差的,他认为儒家并不鼓励卜式的做法。大家还记的子贡赎人的故事吗?作为一个儒商,他可以做好事,但是不能把自己树立成一个道德标杆,把其他人都绑架了。所以子贡免费赎人却出力不讨好,受到孔子的批评。在公孙弘眼里,现在情况也是这样,卜式捐出家产,他倒是大公无私了,那让其他有钱人怎么办?这家产捐还是不捐?所以打根儿上,公孙弘就不赞同这种做法。我们能不能根据这个例子就说明儒家文化是有问题的? 其实并非如此,公孙弘也只是个读死书的儒生,再加上些入世的圆滑,其实他并没有理解孔子的原意。孔子批评子贡,不让他白花钱,是着眼于整个社会风气,子贡的做法绑架了众多没钱的人,影响了鲁国赎人政策的实行,这才是重点。而卜式捐献家产,绑架的是众多唯利是图、不顾天下兴亡

"义商"卜式

的奸商富豪,这伙人被绑架一下有什么不好?让他们和卜式站到一起显得更渺小些、更无耻些,有何不可?当时西汉社会正是需要改造这群寡廉鲜耻者的世界观呢!在儒家传统价值观里,"义"重于"利",卜式虽然不是什么儒者,但至少在这一点上,他比当时大部分人都更值得敬佩。

第二,我们从公孙弘的人品、性格上分析一下此事。公孙弘虽然七十多岁才受到汉武帝的重用,但他没有因为年纪增长而更加坚持自己操守。史书上对公孙弘人品评价并不高,《汉书》说他"其性意忌,外宽内深",看着忠厚老实,其实城府很深,心眼儿小的很,属于那种睚眦必报的家伙。更重要的是,此人在官场上很没有原则,比如大家伙商量好了一起去给皇帝提意见,到了皇帝跟前,发现皇帝听了这个意见很生气,他马上就不吭声了,甚至有时候会趁机见风使舵,转而支持皇帝的想法,把自己的同事都出卖了。他这种做派很让人讨厌,但是居高位者大都喜欢马屁精,这也是千古一理、无可奈何之事,即使是汉武帝这样"天纵英才"的皇帝也不能免俗。公孙弘自己也是一个作秀高手,官居高位,但每天吃穿用度还都是采用穷人的标准,吃脱粟饭、用布被,把薪水分给朋友花,自己一毛钱也不剩,看起来也很不近人情,不过皇帝还是喜欢的。现在又冒出一个"不近人情"的养羊专业户,在公孙弘看来有点"旧窠里寻兔"的意思,这个取媚皇帝的法子我已经用过了,你再用就算抄袭我的创意了。因此公孙弘说卜式不近人情,其实不过又是一个"只许州官放火,不许百姓点灯"的好例子。

从史料看,卜式捐钱是跑到京城来的,因为他在等皇帝的回信。皇帝派使者和他沟通过了,然后再也没有回音儿了,这卜式走也不是,留也不是,一等就是好几年——这得耽误了多少养羊的大好时光啊!卜式满心欢喜地想做好事,结果被当头泼了一瓢冷水,他第一次捐款失败了,只好不声不响地回老家继续养羊了。

# 御用羊倌

卜式上赶着向朝廷捐献自己的一半家产，居然被"同行"怀疑别有用心，遭到朝廷的冷遇。要知道卜式做的是畜牧业生意，倒腾的都是活物，在京城耗着的这几年，多多少少会影响到他的事业发展。但卜式并没有因此对朝廷产生怨言，他还是坚持走自己的路，努力养羊赚钱，有了钱就任性地做好人好事。

就在卜式在京城碰壁的一年后，西汉政府在和匈奴的战争中取得重大进展，在大将霍去病的指挥下，西汉几路大军压境，攻破陇西地区，俘虏了匈奴浑邪王子和他们的相国、都尉等高官。浑邪王是匈奴王族，控制着张掖一代，现在他被汉军打败，儿子、部署又被汉军俘虏，匈奴单于担心浑邪王受制于汉朝，打算杀掉他。浑邪王不得以投降了汉朝，从此汉朝占据了河间之地，并设置了酒泉郡。西汉王朝一下子接收了这么多投降过来的匈奴人，又建立了新的行政单位，这都需要花费大量钱财。虽然前些年积累比较丰厚，可和匈奴几仗打下来，早就囊中羞涩了，朝廷没钱，地方政府更是两手空空，到处都缺钱。偏偏在这节骨眼儿上，灾民又特别多。这些灾民靠什么生活？当然靠政府，司马迁说他们"皆仰给县官，无以尽赡",他们都靠地方政府救济。赈灾救荒是朝廷大事,即使再混蛋的皇帝也懂这个道理:灾民安抚好了,熬过这几个月,等新一茬粮食收获了,他们还是安居乐业的顺民;要是安顿不好,灾民没有活路,很容易激起叛乱,到那时候收拾起烂摊子来就更麻烦了。道理很简单,再弱智的统治者也懂。但现在最大的问题是,这几年举全国之力攻打匈奴,现在如今纳降、又是建郡的,各地方政府早就成了穷光蛋了,哪里还有钱救济灾民?

卜式前几年要贡献家产讨好朝廷,但好事儿没做成,灰溜溜地从京城回到河南。但卜式境界高就高在他把义务当做一种责任,别人认不认可无所谓,只要自己俯仰无愧就可以了。孔子不是说过吗?"不患无位,患所以立。不患莫己知,求为可知也"。不要担心自己没有名位,要多想想有没有能支撑自己名位的本事;不要老担心人家不理解自己,多做点可以让人家理解的事儿不就行了?卜式虽然不是什么儒商,但是儒家的这些处世道理却不学自通。公孙弘说我装,就让他说去吧,上层路线既然走不通,那就在地方上做好人吧,还不一样都是为朝廷出力!河南太守府门前守着一大帮子灾民嗷嗷待哺,地方长官们正火烧屁股坐立不安呢,恨不能变出五铢钱来救济大家。就在这个关键时刻,卜式一出手就是二十万钱。当年卜式和弟弟分家时,手中所有的绵羊加起来,也不过值个十来万。这二十万可真不是个小数目,这笔钱对河南太守来说恰似雪中送炭啊!早就听说卜式是非常接地气的大善人,人傻钱多,前两年主动跑到京城去捐献家产,地方官们说不定也怀疑过卜式的动机;卜式捐款遭到朝廷拒绝,这些官员们说不定还偷着乐,或者说一些风凉话呢!现在患难之中见真情了吧?卜式真不是为了炒作,人家所追求的就是一个为富且仁的"义商"境界。

等到灾荒过去,天下重归太平,河南地方政府向朝廷递交的工作报告中,有富商捐款救灾名单。汉武帝把名单拿过来一看,一下子就发现那个熟悉的名字——卜式。前几年卜式曾来过京城捐献家产,自己还从来没看到这么大公无私的人,请教一下宰相吧,宰相说卜式是什么"不轨之臣",不值得搭理。自己听了宰相的话,晾了卜式好几年,现在想想心里还不落忍。你看看,这次卜式在河南带头捐款,可见他不是什么不轨之臣,的确是个为大家舍小家的仁义之人,这样的有道德有担当,而且又特别有钱的人,我们大汉朝不是太多了,而是太少了。英雄不能流了血又流泪,好人不能做了好事又吃亏,于是汉武帝下令"赐式外繇四百人"。外繇(繇,音摇),指戍边的战士,这句话猛一看上去是皇帝赐给卜式四百个戍边战士。四百个人啊,卜式养羊有一套,他家里养那多壮汉干什么?所以这样解释是不对的,这里涉及到西汉的徭役制度,按法律规定每人每年都有戍边三天的义务,但实际上三天时间还不够路上用的,因此大部分人都选择每年向官府交钱,买断自己当年的这三天戍边义务,这笔钱称为"过更"钱,名义上由官府用这笔钱去另外雇人,这个人愿意戍边一年。汉武帝赐给卜式的就是收取这种"过更钱"的权利。这笔钱是多少呢?一年一个人是三百钱,四百个人就是十二万。卜式的捐款大部分又以奖金的形式发回来,但卜式真不是那种为了钱而行善事的人,朝廷的赏赐却之不恭,他转手就把拿到的这四百人的"过更钱"捐献给地方政府。

卜式生活的时代是个什么道德水准？我们前面已经说过了——社会上拜金主义盛行，大多数商人都在那里"闷声发大财"，一切都向钱看。像卜式这样一再无私奉献的商人是少之又少，这样的人不宣传、不提拔，还宣传、提拔什么人呢？阅读历史是需要一些小智慧的，那就是官方突然大力宣扬什么了，则当时的社会必定最缺少什么。举个简单的例子，表彰义士，说明当时人们大都厚颜无耻；表彰节妇，说明当时多半民风淫靡。这个智慧用到现实中也颇有效，翻阅当地的报纸，长编累牍宣传扫黄，此处多半是性都；不断吹嘘自己打击犯罪力度大、破案率高，这里多半并不安全。缺啥喊啥，不足则夸，古今一理。现在缺少像卜式这样的义人，自然要大力宣传他、拔高他。于是汉武帝采取了三条举措，在全国范围内树立卜式这个义商典型：第一，封官。拜卜式为中郎，赐爵左庶长。中郎是皇帝身边近侍官员，左庶长是一个中等爵位，算起来都不是多大的官儿，但对一个养羊专业户来说，也算是一步登天了。第二，赐田。赐给卜式十顷良田，约一千多亩，如果换算成钱的话，也大约在小一百万的样子，数目也算是可观。第三，表彰。以朝廷的名义布告天下，号召全国百姓学习卜式这种舍己奉公的高风亮节。

　　汉武帝的三条措施，使卜式一下子成了全国的明星人物，朝廷通过他向外界传递的信息也很明显：有钱就要记得为国家分忧解难，卜式就是个好榜样。更重要的是，你为国家做了好事，国家怎么会亏待你呢？你看人家卜式，不仅获得金钱上的奖赏，还从此进入国家官员队伍，成了吃皇粮的国家干部了。根据《汉书》记载，朝廷封卜式为中郎的时候，卜式是不干的，他觉得用非所长，自己最擅长的工作还是养羊，中郎这么重要的职位，根本不适合自己。汉武帝这次一心想把卜式留在朝廷，他干脆在自己的后花园整了一群羊，然后对卜式说，你留在我身边，就帮我放羊，这样不是挺好吗？卜式一看这事儿不错，干了自己喜欢做而且擅长干的工作，人生如此，夫复何求？卜式开开心心地到汉武帝的后花园上班去了。虽然这个时候卜式已经有中郎的职衔，但还是穿着破衣服、草鞋，一副羊倌的标准打扮，把替皇帝放羊当做自己最重要的事业来做。

## 放羊与治国

卜式拿着汉武帝高级侍从官员的薪水,安心当着汉武帝的御用羊倌。人生最大的成功是什么?不是拥有花不完的钱,一个没有价值提升空间的人生,其实等同于死亡。人生最成功的事儿,无非是拿着一份体现自己价值的薪水,同时所做的又恰巧是自己最喜欢做的事儿。从这角度来看,卜式人生简直就是"成功"二字的真实写照。

在帝国风险最高的职场——朝廷,做着一份最悠闲、最安全的工作——放羊,卜式其实一点都不是"钱多人傻"那种类型的富翁,他才是传说中有着真正大智慧的仁者。正像时节已至,春风吹过,百花自开。即使百花不开,大道依然运行,春风还是春风,花自凋零水自流,与春风无关。虽然卜式最终在皇帝身边得到了一份让多少人艳羡的工作,但是他的确没有自己的政治野心。卜式心中有操守,主动领取自己在天地间的那份责任,这就是他的大道,至于花开花落,并非卜式初心。有的阴谋论者说卜式要求放羊大概也是对汉武帝玩的花招,以残花之心揣测天地之仁,其境界比公孙弘都不如。卜式只是个商人,虽然有些钱,但他并不是会算命的半仙,他如何能预知自己将来会从御用羊倌的岗位上发达? 卜式在朝廷中毫无根基,因屡次无私捐款,甚至从道德上绑架了那些为富不仁者,他是当时拜金社会的一个异数,至少在朝廷上不会有多少能帮助他、援引他的力量。"咫尺长门闭阿娇",住在皇宫的过气皇后想见皇帝一面都是千难万难,更何况这么一个躲在后花园放羊的羊倌。如果没有特殊召见,就算近在咫尺,卜式很难有机会去和汉武帝套近乎,还能耍出什么花招? 对卜式来说,前有公孙弘的中伤,后又阴谋论者的怀疑,这都是很悲哀的事情。一个不相信好人的社会,比一个充斥着坏蛋的社会更可怕。

　　好在,汉武帝到底是看重卜式的。这不仅因为卜式的义举打动了他,更重要的是,作为一个杰出的政治家,汉武帝有着自己的考虑,他觉的现在迫切需要一个卜式这样的人。汉武帝早就对那些为富不仁的商人们心怀不满,特别是经过与匈奴的战争,汉武帝发现那些家伙们利用这朝廷宽松的工商政策发了大财,但是在国家财政困难、急需资金支持的时候,他们却一个个地装糊涂。朝廷正要树立卜式这样一个典型,告诉天下那些富商大贾们,做什么样的商人才是朝廷喜欢的、认可的。另外,汉武帝正在逐步酝酿实施"算缗法",说白了就是财产税,根据富人们财产的多少来征收一定的税额。这项法律的推行面临巨大的阻力,要让富商们主动说出自己财产的数额是非常困难的事情,很多人都暗地里把财产隐藏起来,以逃避朝廷的征税。两千多年前征收财产税比现在征收房产税还难办,这种情况下,政府推出卜式这个大公无私的义商典型,可谓正逢其时。

其实卜式也不过是汉武帝的一枚棋子,拿来激励、敲打那些有钱人。把卜式安排到后花园养羊,对汉武帝来说,卜式的价值已经利用完了,剩下的时间卜式能为皇宫食堂提供点特供羊肉,说起来也是不错的。其实汉武帝还是看走了眼,自古以来,但凡经商能做得好的,其实也多半是个管理能人,这个能力如果用在行政上,也是能发挥些作用的。难就难在,很多人无法区分商业和政治的界限,像吕不韦那样把政治当做稳赚不赔的生意来经营,在政治活动中,时时采用商业原则来运作,那就危险了。卜式虽然是个养羊的,但他毕竟是个懂经济的人,在皇帝身边这几年耳濡目染,也对国家政治有所了解。他不是一个儒者,儒者讲究"必也正名乎","不在其位,不谋其政",他只不过是个受皇帝重视的羊倌而已,在合适的时机,还是要向皇帝表达一下自己的资政理念的。

卜式给汉武帝养了一年多的羊,把皇家的羊伺候得一只只心宽体胖、膘肥体壮的。想当年卜式能凭着一百只羊发展成远近闻名的养殖大户,挣下百万家产,还真不是徒有虚名。有这么一天,汉武帝闲来无事,经过卜式的养殖场,突然想起一年前把卜式安排在这里上班,不知道他在这里干得怎么样,不如顺便来看看他吧。也就是汉武帝的"临时起意",使卜式再次有机会和他面对面聊聊。汉武帝看到卜式养的羊一只只活蹦乱跳、肉滚滚的,不由得心情大好,感觉有卜式这样的养羊高手负责皇家羊肉供应,还真是让人放心。心里这样想着,就忍不住多夸了几句卜式养羊有道。读史书读到此处,我总是疑虑重重,因为在我看来,汉武帝深居皇宫,未必真的懂羊,他对羊的夸奖,怎么看都有点客套的意味在,毕竟养羊的人曾经是自己很佩服的仁义之人。夸奖一下对方的工作,这在社交中很普遍,用不着特别当真。我所好奇的是,卜式接下来说的话,不仅话题转得太快,把一个"今天天气哈哈哈"的闲聊迅速拉到国计民生的层面上,有点过于任性,更重要的是,这似乎也不太符合他一贯的精神追求,明显发出希望参政的信号。卜式是这样对汉武帝说的:

非独羊也,治民亦犹是矣。以时起居,恶者辄去,毋令败群。

这几句话很有分量,我一直很怀疑是卜式自己想出来的。《庄子》里面倒是记载了一个关于"害群之马"的故事,意思差不多,说是古代圣君黄帝,就是《黄帝内经》的那个黄帝,向一个牧马的小孩子虚心求教如何治理天下。小孩子说治理天下和牧马是一个道理,把那害群之马去掉就可以了。"害群之马"这个成语就是这么来的。卜式这里说的是去掉"害群之羊",完全盗用了《庄子》里面的创意。只能假设卜式在皇家园林里不仅放了一年羊,多半也利用工作之余,认真学习文化知识了,特别是受了老庄思想的影响,要不然以他的文化积累,还真说不出这么高水平的治世名言来。汉武帝听卜式这么一说,心里也吃了一惊,这卜式不简单啊!士别三日当刮目相看啊!(这句成语三百年后才出现,如果汉武帝这么说就穿越了,但用在这里的确很合适。)好吧,既然你这么懂治理百姓,那就给你一个小地方当试验田,你去按你放羊的高招试试身手,看看行不行。

卜式这次没再推辞,脱下那身放羊的破衣服、烂草鞋,换上帅气的官服,高高兴兴地走马上任,去实践自己的治世理论了。

## 经商有道，谋身乏术

卜式果然不仅会放羊，在治理地方百姓方面也有一套，史书记载，他连做了两任地方官，都是政绩卓然。既然真有当父母官的才能，汉武帝当然也不会吝啬朝廷的位子，于是不断提拔卜式，最后让卜式到齐地去做了齐王的相。虽然不在中央朝廷为官，但王相这个职务十分重要，品级也相当高。卜式用养羊经商的原则去管理地方，取得了不少成效，经过几年基层锻炼，终于逐渐接近帝国政治的核心层，算是完成了由一个商人到朝廷官员的转变。

就在卜式担任齐相的时候，汉朝又发生了一件大事儿，西南小邦南越跳梁起来，竟然开始找大汉朝的麻烦。南越是公元前203年建立的一个地方割据政权，疆域包括广东广西大部分地区、福建的一小部分、海南、香港、澳门和越南的北部中部大部分地区。公元前113年，南越国王赵兴请求"内属"汉朝，遭到其丞相吕嘉的反对，吕嘉趁机发动政变，杀了国王、王后和前去出使的汉朝使臣，起兵造反。汉武帝刚刚在对匈奴的作战中取得重大胜利，自信满满，没想到偏居西南一隅的蕞尔小邦也敢来触犯大国之威，这让他龙颜大怒，必欲诛之而后快。汉武帝拿出狮子搏兔的气势，决心不打则已，要打就彻底荡平南越。大汉王朝的二十万大军兵发五路，一窝蜂地前去剿灭南越。不过南越虽然实力有限，但毕竟占据山川之利，这仗并不容易打。汉朝几十万大军前前后后费了一年多的时间，才彻底消灭了南越政权，南越原有地盘整体划归大汉版图。就在汉朝被南越整得焦头烂额时，西羌也开始蠢蠢欲动，不断侵犯汉朝边境，朝廷只得又发兵数万前去与西羌交战。这边仗打得不可开交，那边刚从匈奴手中夺来的大片地盘也需要军队屯田戍守，这几个事儿一下子又把朝廷财政搞得紧张起来，军队也急需补充兵源。刚刚傲娇了没几天的汉武帝，一下子又陷入苦恼之中。

此时已经是齐相的卜式站出来向汉武帝上书，声言打算和儿子一起，带着从齐国招募的勇士，到前线去为国捐躯。汉武帝接到卜式的上书非常高兴，毕竟是仁义之人啊，什么时候国家遇到困难了，卜式总能挺身而出。朝廷其他官员，平日里拿着国家的俸禄、养尊处优，一有个什么风吹草动的，总是一个劲儿地想着保护自己的利益，哪里比得上卜式这样能为君主分忧啊！看来自己选拔卜式这个人才是选对了，当年的公孙弘的确是看走眼了，卜式哪里是什么"不轨之臣"，这明明就是国家的栋梁啊！是忠是奸、是好是坏，平常是看不出来的，什么时候摊上事儿了，才能看的一清二楚——不用多说，这卜式就是一个难得的大忠臣、大好人。

于是乎，汉武帝又专门为卜式发了一个通告全国的诏令。通观西汉历史，朝廷多次向全国发最高指示表彰某一个人，这种情况是比较罕见的。汉武帝这次发的诏令很耐人寻味，《汉书》的版本比《史记》更加详细，我们就把《汉书》的记载引用如下：

> 朕闻报德以德，报怨以直。今天下不幸有事，郡县诸侯未有奋繇直道者也。齐相雅行躬耕，随牧蓄番，辄分昆弟，更造，不为利惑。日者北边有兴，上书助官。往年西河岁恶，率齐人入粟。今又首奋，虽未战，可谓义形于内矣。其赐式爵关内侯，黄金四十斤，田十顷，布告天下，使明知之。

这份诏书其实分两部分，第一部分是汉武帝对天下官员的批评。汉武帝引经据典告诉官员们，天下动荡不安，正是你们报效朝廷的时候，但是你们却没有这样做。虽然皇帝没有直接痛斥那些官员，但这已经是非常严厉的批评了。紧接着第二部分是对卜式的表扬，首先回顾了卜式光辉的过去：卜式当商人时，就好事做了一箩筐，的确是个义商。现在当官了，一听说朝廷有事，马上申请带着儿子从军出征，虽然还没真的到战场上厮杀，但其忠肝义胆表露无疑。汉朝现在就需要这样的好官，就要大力奖赏这样得好官！卜式被封为关内侯。关内侯是秦汉二十等爵的第十九等，这比卜式刚刚从政时封的左庶长职位高了九级。对于一个平民出身，又没有什么军功的人来说，得到"关内侯"的爵位已经相当不错了。西汉开国皇帝刘邦曾规定无军功不得封侯，这一规定到了西汉末期才逐渐被打破，卜式封侯，的确是比较罕见的。西汉在卜式之前，只有大将卫青曾被封过这一爵位，同时期也只有飞将军李广的儿子李敢获封。从"关内侯"再往上走就是列侯，那就有封国资格了。不仅如此，汉武帝还大方地赏赐卜式黄金四十斤，良田十顷。再次号召天下官员向卜式学习。

但是正如我们前面所说,朝廷拼命宣传什么,往往是缺少什么。虽然汉武帝大力奖赏卜式,想借此激励一下其他官员,但比较尴尬的是,他的做法看来一点效果也没有。《史记》里说,朝廷的表彰诏书发出去,没有任何反响,"列侯以百数,皆莫求从军击羌、越"。大家都不愿捧这个场,卜式也一下子鹤立鸡群,陷于被孤立的境地。其实无论在职场还是商场,如果大家都不陪你玩,你成了被孤立的那一个,结局往往不太妙。卜式倒是无所谓,他本来就不是一个爱官爱财的人,大不了再回家放羊,正所谓"本来无一物,何处惹尘埃",但是汉武帝的脸面太难看了。汉武帝觉得这些列侯享受着大汉朝廷的俸禄,却一点不给朝廷面子,真是"是可忍孰不可忍",一定要找个机会惩戒一下。这个机会很快就被汉武帝找到了,在每年的祭祀仪式上,列侯都要向朝廷贡献一定数量的黄金,汉武帝借口列侯们在祭祀时上交的黄金成色不足,一下子免掉了一百人的爵位,总算出了心中一口恶气。同时,他又提拔了卜式的官职,让他担任朝廷的御史大夫。

御史大夫是朝廷重要的职位,古时位列三公。这么重要的职务,其实并非养羊出身的卜式所能驾驭得了的,卜式到底是一个仁者,虽然盗用了"害群之马"的理论,也在地方上小试身手,但他的确并非治才。汉武帝时期社会风气奢靡,御史大夫是全国最高的执法官员,任重事繁,这其实已经超出卜式的能力了。再加上卜式高调上书要求携子从军,绑架了整个官僚阶层,遭到权贵层的忌恨。汉武帝借机打击列侯,用来做道德标杆的恰恰是卜式,明眼人都看得出,卜式此后在官场里的日子是不太好混的,稍有不慎,即可能招来无穷的麻烦。

好在卜式得到了汉武帝的赏识,在专制时代,这的确是官员的第一护身法宝。但是朝堂政治毕竟不同于后宫的宫斗,官员缺少了同僚的支持,想要长久地保持名位是比较困难的。卜式说到底是一个仁者,他能够无私奉献自己的财产和赤诚之心,但这两样东西放到专制时代的官场中,却远远不够。官场自有一套谋身之术,"义商"卜式显然并没有掌握其中的奥妙,对他来说位子越高越危险。果不其然,在其位必谋其政,卜式一上台就开始对汉武帝的一些政策提意见,在他看来这是很正常的事儿,就像养羊,羊群出了什么问题,不管是饲料质量问题还是绵羊心理问题,得赶紧提出来解决,这样羊才能养得好。解决这些事情的时候,你不必在乎羊毛怎么想,羊饲料怎么想,羊圈怎么想,总之大家都奔着绵羊膘肥体壮这一个目标去。但是朝堂政治却并非如此,必须考虑更多的层面。卜式上台后提了两件事,都是汉武帝自鸣得意的新经济政策重要内容,一条是盐铁官营,一条是商船收税。

铁器本来是私营的,质量和价格都是由市场控制的,老百姓有选择的余地,质优价高,天经地义。汉武帝实施改革,由政府专营铁器。官营也没什么太大问题,但是官府作坊制作的铁器质量非常差,价格却高得离谱。其实高得离谱也没什么,老百姓嫌贵不买就是了,但是官府不依不饶,非要强迫老百姓买,这样一来就搞得怨声载道了。卜式认为这种坑害老百姓的政策,还是取消的好,就让市场自动调节得了,政府少干那些徒招民怨的事儿。至于商船收税,其实也是个经济学问题,商船收税了,物流成本高了,愿意通过航运经商的人也少了。这样物流不畅直接造成物价上涨的结果，商人当然没落到好，但是最终吃亏的还是老百姓，看来政府不应该贪图"商税"这点小利，破坏了整个市场的繁荣。

　　读历史故事最忌替古人断是非，汉武帝新经济政策自然也有其成立的历史原因和社会背景。卜式从商人利益出发，着眼于政策实施的现实效益，也自有他的道理，我们不能据此就得出汉武帝不懂经济瞎指挥，而卜式却是真正的经济学家这种结论。但是值得注意的是，卜式的确较早对市场规律做了阐述，他是个真诚的商人，考虑经济政策问题也确实从商人的实践角度出发。大概也正因为如此，卜式并不适合做在朝廷上做高官，因为朝堂政治最重要的一条是了解皇帝的心思，皇帝是想让这个事情成啊还是只不过试试水？虽然好皇帝都声称要听听众人的意见，但在专制体制下，这大都是皇帝们的惺惺作态，喜顺不喜逆，人之本性，更何况一呼百应的皇帝？所以说专制皇权下谈什么民主、共治，纯粹出于文人的意淫，是不可能实现的白日梦。如果皇帝一门心思想实施自己的新经济政策，你这个时候跑到他面前唱反调，即使英明神武、"天纵英才"如汉武帝，也是心中老大的不快活。大概因为这两条不合时宜的意见，卜式在汉武帝心目中的地位打了折扣，觉得这个人太不讲政治了，还真不如在后花园里养羊的好。果不其然，不久后汉武帝要封禅泰山，就借口卜式没文化、怕在这种盛世大典上丢了泱泱大朝的脸，撤了他御史大夫的位子，给换成太子太傅这样的闲差。

　　太子太傅地位也不低，吕不韦当年也做过王子异人的"傅"。

但是这一职位毕竟远离了权力核心,对大多数帝国高官来说这几乎是降职,但对卜式来说,却恰到好处。以卜式"义商"的本性,如果在御史大夫的高位上再混几年,搞不好真会不知死所。他虽然失去了汉武帝的宠信,但并没有失去汉武帝的尊敬,虽然之后他也曾向汉武帝批评过当红宠臣桑弘羊,但是也并没有遭到打击报复,"长者"的身份是他最大的护身符——他得以善终,这在官场是很不容易的事情。

在由商入政的古代商人群体里面,卜式还算是运气不错的,范仲淹曾写过"风波岂不恶,忠义天所扶"(《滕子京魏介之二同年相访丹阳郡》)的诗句,说的大概就是这种情形吧。

## 卜式的意义

卜式出现在西汉历史上，其实并非偶然。中国传统商业道德讲究义利并举，那些只贪图眼前利益，不注重品牌意识的商家，往往不会在历史的长河中存在太久，饶你是万贯家财，心中没有操守，也难拴得住那如云的富贵。但是即使如此，我们却很难听到秦汉以后这些好商人的声音。从秦国的商鞅变法，到西汉的抑商令，商人越来越被边缘化，逐渐在历史中失去了话语权。卜式能出现在汉武帝时代的历史记载中，的确是个异数，我们不能据此认为彼时的天下只有一个卜式这样的好商人。卜式的出现并非偶然，他契合了汉武帝急欲改变世风的诉求，汉武帝不过是借卜式来激励、羞辱那些为富不仁的富户，当然也是要为自己的新经济政策造势，特别是他的"算缗法"。"算缗法"的历史是非我们也不妄加评论，但是值得注意的事实是，即使朝廷树立了卜式这样的"义商"典型，但天下的有钱人还是不愿意像卜式那样拿出钱来支援国家，也不愿意公开自己的财产数量。为了对抗朝廷的"算缗法"，富户们甚至把自己的财产隐藏起来。于是政府鼓励平民"告缗"，告发偷藏财产的富户，如果告发成功，告发者竟然可以获得被告发者一半的资产。这样一来,不仅"商贾中家以上大率破,民偷甘食好衣,不事畜藏之产业"(《史记·平准书》),天下告密之风盛行,平民道德更加败坏。在汉武帝经济政策大调整的布局中,卜式不过是其中的一颗棋子而已,虽然这颗棋子其实对西汉商业发展来看,并没起到正向作用,汉武帝借抬举卜式而大行"算缗法",客观上严重抑制了西汉商业经济的发展。

西汉世风放而不返,错不在卜式。我们中华文化史,并非一部商业史所能标定的,卜式那种大公无私的"义商"精神,还是成了我们民族精神中最宝贵的部分之一。

"奇商"窦乂

自唐代以来,文人笔下的商人形象逐渐丰富了起来,受传统"义利"观的影响,这些作品往往有不少偏见。比如白居易《琵琶行》写道"老大嫁作商人妇"、"商人重利轻别离",似乎富商们自古就是为过气女优买单的冤大头,而且他们总是把钱看得比爱情、家庭还重,只顾得自己出门挣钱,不在意妻子的情感空虚。但换个角度来看,也的确能读出商人谋生的艰辛、家庭生活的不如意。更重要的是,我们终于可以通过文字,了解到彼时商人的生存状态和情感世界了,要知道自秦汉之后,商人们能在历史上发出声音的机会的确太少了。在这些有关商人的文字中,晚唐大文人温庭筠撰写的传奇《窦乂》是一篇非常有趣的作品。它不仅情节引人入胜,字数也是同类作品中最多的。其实写传奇只是他的"副业",这位大才子的词更加漂亮,有着一大堆粉丝。这几年随着电视连续剧《甄嬛传》的热播,片中多首插曲走红,其中那首唱"小山重叠金明灭"的《菩萨蛮》,歌词作者就是这位温庭筠。他二十多岁时,大商人窦乂应该正在京城长安安度晚年,二人虽然不会有什么交往,但的确有生活在同一时空的可能。"传奇"是唐代流行的一种文体,它的产生与唐朝科举制度有关,举子们以此炫技,获得主考官和达官贵人的关注,作品当然未必完全可信,字里行间难免有夸张不实之处。不过这类写同时代京城知名人士的传奇,即使在写作手法上卖弄、炫奇,基本事实往往不会有太大的出入。本章要讲的大唐"奇商"窦乂,所依据的正是温庭筠的传奇作品《窦乂》。

# 一双鞋子

这里称窦乂为大唐"奇商",他到底奇在何处呢?

第一个奇处是他的出身。根据温庭筠文章里提供的线索,我们可以推断出窦乂生活的大体年代。窦乂30岁左右时与当朝太尉李晟有过来往,虽然我们在正史中找不到富商窦乂的相关资料,但李晟却是唐朝名臣,人生履历比较清楚。李晟担任太尉的时间是公元790年前后。窦乂活到80多岁,他30岁那年在790年前后,这样算下来他大概生活在公元760年到840年这个时间段内,唐朝刚刚经过了"安史之乱",整个中国古代社会正在缓慢转型。这样的推算不一定准确,但总不会相差太远。

窦乂家世显赫,祖上都是赫赫有名的人物,这倒是可以在正史中找到相关记载。他的高祖曾经当过开国皇帝李渊的宰相,曾祖则是李渊的驸马。自唐朝开国,他们窦家"累朝国戚",称得上是典型的高门大户、官宦之家。到了窦乂这一代,虽然家道中落,不似从前那么显赫富贵了,但家族中还是有人在朝中为官,这其中就包括窦乂的伯父。而且窦乂的这位伯父家境相当不错,在"长安居,大不易"的京城里拥有自己的家庙,据估算,此家庙的面积并不小。

窦家虽然显赫多年，但开枝散叶，几代传下去，家族中总有贫富贵贱之分。更何况经过"安史之乱"这样的社会大动荡，一些传统大家族的没落也是不可避免的。出现这种情况一点儿也不奇怪，我想起两个例子，一个是北宋从开国到王安石变法，不过才一百多年的时间，就已经已有不少皇亲国戚生活贫困，跑到大街上拦下宰相王安石的座驾，强烈要求得到朝廷的特殊照顾。更有甚者，为了赚取嫁妆费，不少皇族女儿抢着嫁给京城的富商，京城有个制作、经销木桶的商人，家中子弟居然娶进了几十个皇族女儿。皇家尚且如此，一般的官员怎么样呢？《红楼梦》中的贾家也为我们提供了例子。贾家由皇家奴才封为公侯，可是三代以下，子孙的经济、社会地位有了很大的分化，贾宝玉自然还是高高在上的贵族，可是还有不少贾家子弟很贫穷，平日里仰仗着荣、宁二府的恩惠吃饭。这种阶层、财富的变动对整个社会来说，并非坏事。魏晋南北朝时社会阶层变动倒是小，士族、庶族壁垒森严，不过那绝不是一个合理公平的时代。窦乂虽然有着阔绰显赫的先祖，但他自己的出身比较贫寒，而且年幼的时候父亲就去世了，说起来是个典型的苦孩子出身。

像窦乂这样没落的贵族子弟，可以说无代无之，还算不上最"奇"，让人真正感到"奇"的是，窦乂十三岁上就开始了自己的创业历程。窦乂显赫的家世背景并没有给他带来人生境遇的改善，要想在长安城混下去，他一定要靠自己打拼。窦乂的商业生涯缘于他十三岁时的一个创业规划，这个规划如此周详，从设想到实施、完成，前后耗时近七八年，窦乂有条不紊、一步一个脚印地走下去，终于赶在成年之前完成了资金的原始积累,为自己后来的经商事业打下了厚实的基础。窦乂的创业规划堪称完美,而且特别务实。在实施这个策划前,窦乂一定做过市场调查,而且对已有的资源了如指掌,他缺少的只是那最初的一笔启动资金。我们经常说,机会总是留给那些有准备的人,这句话一点也不假。就在窦乂为启动资金烦恼的时候,机会恰好不期而至:

(窦)乂亲识张敬立任安州长史,得替归城。安州土出丝履,敬立赍十数辆,散甥侄,竞取之,唯乂独不取。俄而,所余之一辆,又稍大,诸甥侄之剩者,乂再拜而受之。敬立问其故,乂不对,殊不知殖货有端木之远志。

窦乂有个叫张敬立的亲戚在安州做"长史",这个所谓"长史"并不是管历史、文教方面的官,唐朝人口比较多、经济条件较好的州才有"长史",相当于州长官的助手,从五品的官职,算是不大不小的地方官吧。既然在安州做官,任满回乡后带点当地的土特产也是情理之中。传说宋朝大清官包公曾在生产端砚的端州做官,为了显示自己的两袖清风,任满回京的时候,行李中故意一块儿端砚也不带。但是张敬立不是包青天,再说如果用自己的薪水买点土特产,一方面拉动了当地消费,另一方面也为原产地名特优产品做了宣传,应该算是一件好事。安州丝履非常有名,张敬立决定带一批丝履回来给自己的侄子、外甥这些小辈们当礼物。"丝履"就是用丝织的鞋子,在当时算得上是奢侈品,而且是原产地直供,这穿在脚上在城里走一圈，一定是件很拉风的事情。张敬立带回了十几双安州丝履，上面引文里说的"十数辆"，指的不是十几辆马车的鞋子，"辆"在这里是鞋子的量词，也就是"双"的意思，唐人喜欢把一双鞋说成一辆鞋，我们听着再别扭，但那也是没有办法的事情。曾经看到有人写文章说窦乂的舅舅从安州做官回来，拉了十几车的安州丝履，如果真的是那样的话，张敬立不像是一个任满回京的官员，倒更像一个鞋贩子——他运回这么多的鞋子，说不定会引长安城鞋帽市场较大的价格波动。更重要的是，这要是被唐朝的纪检部门看到了，多半要被查办。

　　张敬立的外甥、侄子们看到有这么酷的鞋子，自然是非常高兴，大家都跑上去抢着挑挑拣拣。只有窦乂一动不动，等小伙伴们都挑走自己满意的鞋子，只剩下一双没人要的大号鞋子，他这才上前取来，并向张敬立拜了两拜，表达了感谢之意。从这个细节上也能看出，窦乂虽然贫困，但人穷志不穷，既有尊严，又彬彬有礼，俗话说，"三代为官作宦，方知穿衣吃饭"，窦乂一看就是大户人家的孩子，有气质、懂礼数。张敬立看窦乂最后取了一双不合脚的鞋子，又这么举止有礼、不急不躁，就好奇地问他这是为什么？其实此时窦乂早有主张，但是他人小心大，八字还没一撇的事情，他觉得还是低调一些的好，因此并没有回答舅舅的问话。按说长者有问，晚辈不回应似乎失礼，但这也要分具体情况，如果贸然以谎话、假话敷衍欺骗长辈，则是更无礼的行为。舅舅问了外甥不便回答的问题，是无意中的失问；外甥以"不对"回应，说起来也算是得体。如果不能说真话，就坚决采取不说假话的策略，也是值得尊敬的。

其实小伙伴们挑剩下来的这双大鞋子,反倒更合窦乂的心意——在他眼里,这双鞋子正是他的启动资金,他所有的梦想,他今后七八年的创业生涯,就靠这双鞋子打开局面呢!窦乂根本没打算自己穿这双鞋子,合不合自己的脚没有关系,他考虑的是如何利用这双鞋子赚钱。

窦乂此时的眼中,已经有一片茂密的树林郁郁葱葱地长起来了,他几乎看到自己未来的好日子。

# 一把铁锹

安州丝履果然很受市场欢迎，这个十三岁的孩子在集市上做成了他的第一笔生意——卖掉舅舅赠送给他的鞋子，"得钱半千"。大约从中唐开始，政府开始在钱的计量上公然盘剥，一百钱大约八十个铜板，半千钱大约是四百多个开元通宝吧。四百铜板说多不多，但对一个孩子来说，也算得上是一笔不小的财富，特别是这四百钱对窦乂尤其重要。这笔钱如果投入商品贸易，赚取所谓的"什一之利"，也算是一条生财之路。但是本钱太小，利润太薄，就算干到猴年马月，窦乂也不可能发家致富。窦乂自有主张，他没有用这笔钱做小生意，而是到铁匠铺偷偷打了把小铁锹——把有限的资金投资到核心生产工具上。

一个小孩子要一把铁锹何用？这恰恰是窦乂深思远虑之处。他早就把可能利用的资源在心中捋了一遍，形成自己的创业规划，而这把小铁锹，正是他创业规划中的重要工具。到了这年五月，长安城榆钱开始漫天飞舞。榆钱是榆树的果实，因为形状像铜钱，所以大家都叫它榆钱儿。据专家研究，唐朝的长安城栽种大量榆树，榆钱属于免费公共资源。虽然说榆钱是可以食用的，但榆树大都高大挺拔,采摘成本确实太高了,偶尔采来尝尝是没问题的,但谁也没有本事天天爬树去采摘榆钱。每年五月,榆钱熟透了会从树上纷纷扬扬地落下来,那场景既浪漫又壮观,唐朝诗人施肩吾曾作诗曰"风吹榆钱落如雨,绕林绕屋来不住"。

据说榆钱有安神健脾的药用价值,但如果满世界都是这货,不具备稀缺性,也就不值什么钱了。榆钱在平常人眼里几乎等同于垃圾,到了落榆钱的时节,还要专门费时费力地清扫。不过,在此时窦乂的心目里,这榆钱可不是没有用的垃圾,它们简直就是大把大把的铜钱,窦乂老早买好小铁锹,等的就是满世界飘飘洒洒的榆钱。他到处打扫搜集榆钱,几天的功夫居然收了十多斗。估计在他满长安东跑西颠地忙着捡榆钱儿的时候,一定会有人笑话他:这孩子一定是穷疯了,捡这些没用的东西做什么?但事实证明,好多笑话最后都变成了神话,对窦乂来说也是如此,他正是在这些常人眼中毫无用处的榆钱上,看到了商机,看到了自己腰缠万贯的未来。

榆钱儿有了,小铁锹也早就准备好了,这个十三岁的孩子究竟打的什么主意呢?其实很简单,他想通过植树发财。俗话说"十年树木",一个小孩子能对自己未来十年的发展目标有明确的规划,这的确不是一般的孩子。首先他要有敏锐的观察力和经济思考力,对大家视而不见的闲置资源有自己独特的认识。另外,他也要有足够的植物学知识,知道榆树的栽培技术和生长规律。榆树的确是一种比较容易存活的树种,对生长环境要求不高,而且成材也相对较快。第三,他要有一定的市场调查,对长安的市场需求有所了解，这样才能保证自己的榆树尽早地产生效益。如果一个十三岁的孩子能做到上面这几点，那他的确具有大商人的潜质，智商不下于当年十二岁就成名的甘罗。

虽然深思远虑，但是在窦乂的创业规划中还缺少一个非常重要的条件：土地。免费的树种有了，用一双鞋子换来的种树工具也有了，剩下的问题就是把树种在哪里。这个问题不解决，前面所有的准备工作都是白忙活一场。在哪里种榆树呢？总不能让一个小孩子到乡下去承包荒山吧？在窦乂的创业过程中，这才是他遇到的第一个大难题。窦乂知道自己家一贫如洗，不可能拿出钱财去投资种树的土地，不用说在长安城里找，就算是在长安郊区租地也是不可能的。但窦乂心中并不慌，他早就想好"蹭"地的办法。蹭谁的地呢？就是他那位在朝中为官的伯父。伯父不是在京城有自己的家庙吗？家庙的面积挺大的，平时疏于管理，空地里杂草丛生。窦乂跑到伯父跟前，跟伯父提出要借住到家庙中好好读书。伯父看到自己的侄子家贫如洗、无依无靠，现在要好好读书奔个前程，自己哪能不支持呢？于是他毫不犹豫地答应了窦乂的请求。窦乂没有花一个铜板，仅靠着一副励志读书的萌面孔就获得了伯父家庙的使用权。作为一个世代为官的大家族子弟，读书是其"素业"，但窦乂显然没有在家庙里读书。我们不能据此证明他持"读书无用论"，其实读书是个高投入的事情，一个穷得连新鞋子都不舍得穿、家里连小铁锹都置办不起的孩子，哪里具备读书的条件？窦乂虽然无意读书，但他心中对自己的接下去几年的人生路有着明确的目标，不读书并不影响他人生价值的实现。

从伯父手中无偿拿到了家庙使用权后,窦乂的小铁锹派上用场了,他用这把铁锹在庙里的空地上整地挖沟。沟深和宽都是五寸,唐代的五寸大概相当于现在的 15 厘米,挖了多长呢？每条沟长 20 步。唐宋时期,"步"是一种长度计量单位,20 步大约相当于现在的 30 多米,窦乂早出晚归地挖了四千多条这样的沟。这样粗粗算下来,窦乂这一个夏天总共挖了两三千个土方——这可是一个惊人的工作量。同时我们也可以大体估算出窦家家庙的面积,仅庭院里的这些用来种树的沟,面积就有近三十多亩地。我小时候在老家农村割过麦子,两三亩的麦地,在我眼里简直就像一望无垠的大平原,割一会抬头看看,离地头还远着呢！在 30 亩地上挖沟种树,对一个 13 岁的孩子来说,得有多大的毅力才能完成啊！

现在社会竞争压力大,大部分竞争失败者都倒在拼努力、拼汗水的阶段,还远远没达到拼智商、拼文凭的层次。窦乂的真正成功,其实并不取决于他的胸有韬略,而恰恰在于他这股脚踏实地的干劲。

# 第一桶金

在阅读窦乂的故事时,经常思考一个问题,到底是什么力量能让一个孩子如此刻苦?仅仅是出于对财富的追求吗?如果真是这样,他完全可以选择一个更简单、更直接,而且也不是那么劳累的工作。有时候人们心中有一个梦想,历尽千辛万苦去实现它,不计汗水、不计成本,这种来自精神家园的动力,用经济学原理是很难解释的。窦乂在创业初期所付出的辛劳,所忍受的痛苦,完全超越了他的年龄,也超越了普通人的想象。

创业的梦想是美好的,现实却往往危机重重。种树的沟挖好了,还必须担水把土沟润湿,这样树种才能更好的发芽、生长。把三十多亩地从头到尾浇一遍,然后把榆钱都种下去。这也是一项浩大的工程,浇水的工作比挖沟更加劳累。我小时候屋前种了一分地的菜园,每天放学要挑三、四担水浇菜,这对我真是苦不堪言的差事。窦乂的工作量是我的数百倍,真不能想象他如何有勇气做下去,毕竟是个十三岁的孩子。凑巧的是,这年夏天雨水充足,种下去的榆钱很快发芽生长,等到了秋天,榆树苗都有一尺多高了,整个院子望过去郁郁葱葱的,让人心旷神怡。在旁人眼里,这些尺把长的榆树苗毫无用处,长安城不缺榆树,没有人会来买窦乂的树苗。但窦乂并不着急,他心中自有主张,头一年树苗能齐刷刷地长出来,他的大策划就成了一半了,好戏在后头,窦乂按部就班、不急不躁。

冬去春来,转眼到了第二年。榆树苗已经长到3尺多高了,窦乂又开始忙活起来。对成规模种树来说,仅仅种下去还远远不够,平时的田间管理非常重要,就算一千三百多年前病虫害没有现在这么猖獗,但定期对榆树苗进行疏苗是少不了的。疏苗可是个地道的技术活,树苗太密了,互相影响,长势不旺;太疏了呢,单棵树苗倒是能长得好,但是从总量而言,效益就大大降低了。窦乂对树苗管理居然十分精通,由此可以再次证明,他虽然出身名门,但的确不是养尊处优的公子哥。被淘汰的树苗也有用场,窦乂把它们晒干、捆成了一百多捆,当柴火出售。正好这年秋天多雨,一百多捆枯树苗很快销售一空,他稳稳地赚了自己投资林木生产以来的第一笔钱:1万钱。不到两年的时间,半千的投资已经有了1万钱的回报,盈利接近20倍。

从榆树上尝到了点甜头的窦乂当然不会停下脚步,他加倍细心地管理着自己的树苗。等到第三年秋天,他的树苗已经有鸡蛋那么粗了,窦乂再次进行疏苗,这次疏下来的树苗晒成了200多捆柴火。虽说再没有去年那样幸运的事情,但柴火毕竟是京城的紧俏商品,窦乂的这200捆柴火很快出手,所获的利润是去年的几倍,大约是几万钱吧。我们可以帮窦乂算一笔账:他从13岁卖了一双鞋当启动资金,三年内他已经获得百倍之利,手中已经趁几十两银子了。我们常说,在商场上脑袋决定口袋,窦乂就是一个完美的案例。如果只注重眼前小利,缺少十年树木的规划,那么三年后的窦乂,恐怕依然是一个混迹于长安城的街痞孩子,两手空空地做着发财梦。

窦乂的榆树和窦乂一起茁壮成长,又过了五年,窦乂已经是个快二十岁的大小伙子了,榆树也差不多都成材了。窦乂对这些树做了简单分类,把那些能做房屋椽子的分一类,大约一千多棵,这种木材市场上很受欢迎,可以卖个好价钱。窦乂把这一千多棵树出手后,赚了三四万钱。还有一千多棵高大挺拔的,这种属于上等木材,可以用来做车驾,这批木材窦乂稍后也卖了十多万钱。

从当年在集市上卖鞋,到手中的榆树木材全部出售,已经过去八个年头了,窦乂从一个不名一文的熊孩子,变成为一个拥有二十多万资产的中等商人。不过在富商云集的长安城,窦乂现在还远远算不上有钱人。窦乂借地经营,种树卖树做的都是一次性生意,如果不抓住机遇适时转型,已经二十多岁的窦乂搞不好还要从种树开始,用七八年的时间再轮转一次,赚取点血汗钱,如果那样的话,窦乂也就称不上奇商了,大唐长安也就不会有他这号人物留下传奇故事。

## 成功转型

窦乂在长安城里种树,正像我们前面讲过的,有三个条件缺一不可,这三个条件就是种子、铁锹和土地。前两条好解决,种子是免费的,铁锹是自己卖鞋子换来的,土地却是稀缺资源,特别是在长安城里,上哪里去找几十亩的林业用地?窦乂免费从伯父手中借来,当时是借口读书。免费用地就好比扶持政策,这种政策往往是一次性的,不可能无限期地使用。而且,也不是任何人都有可能获得与窦乂相同的经营条件,没有多少人在繁华的长安城拥有这么大的空地。所以说,窦乂的勤奋和策划是可以学习的,他的成功却是不可能复制的。

不仅别人不能复制,窦乂自己也不能复制。为什么这么说呢?毕竟家庙里的空地是自己十三岁时借口读书跟伯父借来的,现在七八年都过去了,窦乂书没读上几本,倒是把一个好端端的家庙搞成了林业生产基地。亲族间一定会有各种议论,如果这批木材出手,还继续赖在家庙里种树,窦乂自己都觉得不好意思了。伯父在自己事业的起步阶段帮了大忙,现在自己好歹也是揣几十万钱的中等商人了,不能再吃免费午餐了。再说种树这行业实现利润慢,一个生产周期就是十来年,当中工作又非常辛苦,窦乂也只不过把第一份事业用来进行原始资金积累,并没有打算一辈子都种树。手中有一笔比较可观的启动资金,他正考虑着转型,或者受当年卖枯树苗的启发,他开始把眼光投向长安的日用品市场。

  长安城是当时的国际化大都市,人口众多。市民的日常消费包括哪些内容呢?无非是开门七件事,柴米油盐酱醋茶。油盐酱醋之类需要较强的专业技能,粮食生产和茶叶销售都是大生意,刚刚靠种树积累了点本钱的窦乂还没有这么雄厚的财力。这样一来,那七件事儿里面能让窦乂打主意的就只剩下"柴"了,好在窦乂已经在长安燃料市场上试过水,知道这一行业还有很大的发展空间。在煤炭被大量用作燃料前,中国古人最常使用的燃料无非是柴火和木炭,后者是前者的深加工产品,白居易有一首《卖炭翁》,讲的就是一个老翁到长安城里卖炭受到宫廷压榨的故事。砍柴、烧炭最近的生产基地也在城外的终南山,《卖炭翁》里不写了吗?"卖炭翁,伐薪烧炭南山中"。但如果从城外倒腾柴火,这种生意技术含量低,窦乂面临竞争压力大;而且都是重体力活,比种树还累,窦乂这方面没有优势。考虑再三,窦乂决定故伎重演,走一条不同于其他生意人的捷径,他要开发一种新的燃料产品,希望能靠这一新产品实现自己的顺利转型。

  窦乂用卖树赚的钱雇佣长安城中的市井小儿,给他们每天提供三个饼、十五个开元通宝,让他们满世界去拾取槐子。槐子应该是指槐树的果实,榆树这一招已经用过了,现在窦乂打算靠着槐树再做一把生意。槐子其实也是一种中药,有清热解毒的功效,唐朝都城长安不仅种了大量榆树,槐树的数量也非常多。槐子虽然有用,但和榆钱一样并不是什么值钱的东西,所以很少有人专门打长安城槐子的主意。真正的大商人往往会有超越普通人的眼光,在大家都忽视的资源中发现商机。这就好比空气虽然是一种资源,但普通人从来没有觉得空气有什么投资价值,如果有人上门向你推销一罐儿空气,你一定认为这家伙是在搞行为艺术。但是如今好多大城市雾霾横行,PM2.5 不断爆表,这个时候新鲜空气就成了稀缺资源了。如果此时有人上门向你推销一大罐来自天山雪域的、来自香格里拉热带丛林的、来自呼伦贝尔大草原的新鲜空气,你还会觉得这个商人傻吗?还有那大批的空气净化器厂家,其实也是在做着清新空气的生意,在寻常事物中发现被别人忽视的商机,这正是大商人必备的潜质。

在实际运作中,窦乂具有极强的成本意识。收集槐子需要劳动力,但是如果真的按市价雇佣成年人工去做,恐怕卖槐子的钱还抵不过工人的最低工资。窦乂聘请一大帮少年儿童替他工作,捡槐子不是什么重活,小孩子玩着乐着就做了。我小时候一到放假,就漫山遍野地挖药材、摘酸枣、抓蝎子,拿到中药铺换钱,现在想起来真是一段幸福充实的时光。窦乂雇佣这些小孩子,不仅每天管饭,还有 15 个铜板好拿,这对长安儿童界来说,算得上一项大福利。参加进来的小孩子越来越多,用了一个多月的功夫,窦乂就收了两车槐子——窦乂创新产品的主要原料到位了。

槐子收集上来,窦乂并没有打算出卖,他知道对原材料加工后产生的利润,一定比直接卖原材料高得多,其实他收集槐子只是用来做深加工，而并非直接赚槐子的钱。在他的新产品中，还需要一种原料——麻。上哪里去找麻呢？窦乂不仅对长安的消费习惯有了解，对长安居民的生活垃圾也比较在意。当时人们穿的鞋子主要是麻鞋。这种鞋价格便宜，但是并不特别耐穿，因此长安市民的生活垃圾中不乏这种被穿坏的旧麻鞋。窦乂又让那些雇来的小孩帮他去长安各处生活垃圾站去捡破麻鞋，捡三双就可以换一双新鞋。他以旧换新的消息一放出去，好多家中有破麻鞋的人，也纷纷跑来以旧换新，大家兴高采烈，都觉得这是天上掉馅饼的便宜事儿。不几天，窦乂就用三百双新鞋子的价钱，收上来一千多双旧麻鞋——他新产品中的第二大原料也备齐了。

万事俱备，窦乂组织人马，开始生产一种特殊的商品——法烛。"法烛"到底始终什么东西，我们不太清楚，唐朝已经有"蜡烛"这种事物出现，"法烛"的制作方法和成品形态，都和日常用的蜡烛不同。经网络查询，在窦乂之前只有西汉时期淮南王刘安制作法烛的记录，但刘安的"法烛"不行于世。后来的商业史料中，读书恨少，还没见到"法烛"这种东西，想来窦乂的法烛应当是一种新开发的产品。窦乂制作法烛的原料是槐子、麻鞋和油靛，先把1000双旧麻鞋洗净，混合着槐子、油靛一起，雇人在专门的工具中捣烂，然后加工成长三尺、粗一寸的条状物，这个看着奇奇怪怪，又散发着槐子清香的东西就是所谓的"法烛"了。窦乂雇专门的工人做了一万多条这种法烛。不知当时窦乂对这些法烛如何市场定位，如果是打算像蜡烛那样用作照明的话，那真的是太怪异了。

说来也凑巧，这一年老天爷又帮了窦乂一把，长安城连续多日大雨不止，道路泥泞，城外的柴草很难运进来，城中燃料供应出现短缺。这个时候窦乂开始出卖他早就备下的"法烛"，这东西烧起来比柴草还好用，运送、堆放都很方便，因此，窦乂的"法烛"一上市，立刻成了长安城的抢手货。每条法烛卖一百钱，不几天，窦乂的一万条"法烛"就都售罄了。这笔生意做下来，窦乂毛收入一百多万钱，除去买麻鞋、付给儿童拾槐子的钱，以及其他各项成本，"法烛"生意的利润在五、六十万钱以上，比他种了八年树赚得还要多。

从种树到手工业生产，窦乂成功转型，此时已经拥有近百万的资产，有了这笔钱，他可以在生意场上好好施展自己的抱负了。

## 开发"小海池"

法烛生意,使窦乂资产迅速膨胀,他已经由当年那个连新鞋子都舍不得穿的穷小子变成一个成功商人,手中掌握着上百万钱的资金。拿着这笔钱,虽然还算不上大富大贵,但也可以吃穿不愁地过一辈子。不过窦乂是不会停下他的经商之路的,问题是——接下来他会选择什么样的发展方向?

在家庙里种树,他收获了经商生涯的第一桶金,虽然自己付出了大量时间和辛劳,但如果不是利用了亲情资源,他的第一步创业计划是实现不了的。制作经销法烛,让窦乂的资产成倍增长,"法烛"最初设计用途也有可能是照明,并非用作燃料。这种新照明产品投入长安市场,需要大量的产品推广工作,我们并没有看到这方面的记录。我甚至认为这项投资虽然策划完美,但其实却是非常冒险的——如果不是长安城恰巧连阴雨,造成燃料供应紧张,那窦乂的创新产品法烛也未必有很好的市场。

当然商业活动中,未必每件事都十拿九稳,窦乂知道在自己的经商之路上,哪些是可以重复的,那些是靠幸运之神的眷顾。他不可能再靠着种树和做法烛赚钱了,自己已经有了一定的资产,可以考虑转向房地产开发事业。他看中了一块地皮,这块地皮在别人眼里只是污水横流、垃圾遍布的"弃地",可是在窦乂眼里,它依然能变成一块不断给自己提供租金的风水宝地。这块"弃地"在哪里呢?还是在京城长安。我们知道,唐朝的长安是个国际化大都市,虽说房价和现在的北京上海没法比,但也不是普通人就能在京城购房的,更何况那时候还没有银行上赶着借钱给开发商,做京城房地产开发,必须有雄厚的资金。窦乂虽然有些资本了,但这些钱还远远不可能支持他涉足如此烧钱的事业中。那么他怎样逆袭成功,做了京城中一流的房产开发商呢?

唐朝的长安,整个城市是棋盘式构造,全城看上去方方正正的,内部同样由方方正正的居民小区构成,这些居民小区叫"坊"。每一个坊都是一个独立的单位,有坊墙、坊门,晚上整个坊是封闭的,大街上静悄悄的,除了巡夜的士兵和流浪猫之外,不会有其他人走动。唐朝长安人到哪里买生活用品呢?坊里有商店、超市吗?那的确没有,买东西要白天到特别的市场去买,街市、夜市这么高端的事物,要等到晚唐五代才逐渐出现,到宋代才大流行。长安有两个市场,一个是东市、一个是西市。我们常说买东西、买东西,据说就是从这个东市、西市叫起来的。可以说,西市、东市是长安城人气最旺、最热闹的地方,这里属于商业圈闹市区,房价当然比其他小区更高一些,而窦乂看中的那块弃地就在西市附近。

这听起来很荒谬,房地产开发热点地区怎么可能会有弃地呢?但事实往往如此,大家都以为不可能的事情却总是发生着,关键看你有没有长远的商业眼光,而这恰恰是窦乂的长项。西市旁边有一块方圆十来亩的地皮,由于此处地势低洼,周边的生活污水都汇集在这里,形成一个死水湾。又靠近市场,常年有垃圾堆积,恶臭熏天。当地人倒是给这个脏乱差的地方起了个挺浪漫的名字——"小海池"。在普通人眼里,这个所谓的"小海池"一点用处也没有,就是一个天然垃圾场,一个臭水塘。但是在窦乂眼里,垃圾也好,臭水也好,那都是事物的表象,改变起来不难。如果去掉这两项不利因素,这个所谓的"小海池"就是一块赚钱的风水宝地,他心中已经为如何利用这块弃地做了详细完备的规划。

因为"小海池"闲置多年,而且又污水横流、垃圾遍地,它的主人从来不把它当回事,有人肯花钱买下,他巴不得快快出手。就这样,窦乂只用了三万钱,不过是三百条法烛的价钱,把这块西市旁边的风水宝地拿下来。小海池虽然位置不错,但地势低洼,这也是让其他房产商望而却步的主要原因。如果雇人从城外挖土垫高此地,需要投入大量劳力,开发成本会上升,窦乂又发挥他那天马行空的思维,想到了一个非常巧妙的办法。他让人把垃圾清理掉,在小海池中间树一杆旗子,四周围好边界,把这里临时改造成一个游乐场,让长安少儿前来扔石子瓦片做游戏,能打中旗子的有免费点心奉送。长安儿童的福利红包又来了,结果大家都抢着来试身手,不到一个月的时间,窦乂的点心还没送出去多少,"小海池"居然被长安小儿们扔的石子瓦片填平了!游戏的力量真的很惊人,唐朝商人就已经发现这个秘密了。这样一来,"小海池"就不是人见人厌的臭水湾,而成了真正的聚宝盆了。窦乂付出极低的成本,获得一块儿开发房地产的风水宝地;长安儿童既开开心心玩了游戏,又吃到了免费的煎饼——这大概就是传说中的双赢吧？

"小海池"旧貌换新颜，它的地利优势马上就显现出来了，窦乂在这块地上投资建了二十多间店铺。因为这里靠近中心市场，南来北往的顾客和生意人都要经过这里，因此店铺非常抢手，二十间店铺被抢租一空，每天上交给窦乂的租金就有几千钱。这样一年下来，窦乂能收到租金上百万钱，几乎等于他前面十多年所赚取利润的总数。而更重要的是，只要这店铺还在，这租金就源源不断地送到窦乂手里。写下窦乂故事的温庭筠说，到他写故事时，这二十多间店铺还在，人们都称之为"窦家店"。窦乂终于凭借着成功开发"小海池"，步入长安大商人行列，虽然还算不上什么京城首富，但每年上百万的固定收入，已经比唐朝的宰相工资高出不少了。到此为止，窦乂基本上实现了"鸡蛋变牛"的梦想，他用了十几年的时间，靠一双鞋子起家，历尽苦辛，从林业工人转变成手工业者，最后成功进入房地产行业。自己也由当年不名一文的穷小子，凭着一股子拼劲韧劲，成功打入京城富商行列，这的确已经是一个传奇。

然而对窦乂来说，真正的"传奇"才刚刚开始。

# 疯狂的石头

有了二十多间旺铺的资产,每年百八十万的租金收入,可以在京城过上非常体面的生活了。但这个财产资质还不足以称得上"奇商",窦乂真正跨入长安暴发户的行列,与一笔意外的横财有关。中国古代商人故事经常会出现这样的桥段,虽然看起来比较俗套,但是也反映了中国老百姓最朴素的信仰,举头三尺有神明,多行善事有好报。

窦乂自十三岁开始就在长安生意圈里打拼,认识了一大堆朋友。他的朋友类别还挺丰富的,不仅有军队大院的孩子、庙里的僧人,还有国际友人,在他众多的朋友中有个叫米亮的就是一个胡人。所谓胡人,是我国古代对西域和北方名族人们的统称,唐朝较其他朝代更为开放,长安城经常能看到胡人的身影,李白的《少年行》中不就有"落花踏尽游何处,笑入胡姬酒肆中"的句子吗?别说开酒店的西域美女了,其实朝廷中也不乏胡人官员,那位"渔阳鼙鼓动地来,惊破霓裳羽衣曲"的反贼安禄山、"北斗七星高,哥舒夜带刀"的大将哥舒翰,其实也都是胡人。我们甚至也不用说朝廷官员了,就是唐朝的皇族李家,也有着胡人的血统,国学大师陈寅恪先生就说,唐朝的李姓皇族其实是"杂种胡"。总而言之,作为多年混迹在长安、靠做小生意一步一步发达起来的窦乂,认识几个胡人朋友也是很正常的事情。

窦乂的胡人朋友米亮流落到长安街头,饥寒交迫,窦乂经常周济他一些钱财。偶尔做一次好事并不难,难的是坚持不懈地做下去。窦乂对朋友做慈善,从不干涉朋友的私生活,也不站在道德的制高点上教育朋友,这其实是很难得的。他无怨无悔地周济了米亮七年,从不求回报,也从不问米亮为何不找份工作改变自己的境遇。窦乂这样做既保护了米亮的尊严,也体现出了道家的"无为"风范,一切顺其自然,各得其所。富人行善是富人的选择,穷人乞讨也是穷人的自由。写到这里,忍不住又想借题发挥一下。在中国传统道德追求中,做好事不留名是最高境界。不过就算是留名了,其实也没有什么不对,总比那不做好事的人境界高出许多,而那些不做好事的人是没有资格批评他们的。但是做了好事而居功卖恩,则是最令人讨厌的行为。老子不是说过吗?"夫唯不居,是以不去",你只有不居功,不自傲,你做的这些好事才能永远被人记住。因此,我特别反感某些人向贫困儿童捐献,一定要带着一堆帮闲的记者,一定要让受捐助的苦孩子出镜头,有的记者也真是很无良,如果受助人因为心灵的创伤被再次撕裂而流泪了,那他摄像机的镜头更是要久久搂住这几行泪珠不放,真是太让人寒心了。窦乂不是这样的人,钱多钱少是一回事儿,人家有豪气没有土气,捐了就捐了,帮了就帮了,不借机充当别人的人生导师,每个人都有每个人的活法,每个人都有每个人的命运。如果大家小时候都会都拿着小铁锹去种榆树,那世上也就没有窦乂这号传奇人物了。

某天窦乂又遇到米亮。此时窦乂早已从一个种树小子变成长安商界有头有脸的大人物了,可米亮还是处在饥寒交迫之中,就算恩主窦乂从来不说什么,米亮自己也感觉心中过意不去。不过窦乂不是那种一阔脸就变的人,他从没嫌弃这位穷哥们。开发"小海池"大获成功,自己腰杆壮了,正好可以多帮帮穷哥们了,于是他这次一下子给了米亮五千钱。五千钱不是小数目,窦乂十三岁开始没黑没白地种树,头两年才挣了一万钱,平均一年才挣得上五千钱,现在成了有钱人,救助朋友一出手就是五千——这才是真靠谱的土豪朋友啊!

米亮接过窦乂的资助非常感动,比以往每次受到资助都更感动,这是为什么呢?一方面是窦乂有始有终,从来没放弃自己这位穷哥们;另一方面,五千钱啊!穷人家几个月的生活费有着落了。感动之余,米亮就打算报答窦乂。一个吃了上顿儿没下顿儿的穷汉,拿什么来报答已经是有钱人的窦乂呢?信息。一条有用的商业信息可以转化成巨量的财富,唐朝人早就懂得这个道理了。窦乂最初创业,其实也是靠着掌握大量的市场信息,否则他不会那么笃定地卖掉新鞋子,去铁匠铺打造小铁锹。相比而言,米亮掌握的这条信息更值钱,简直称得上是一个惊天大秘密,这个秘密与一座房子有关,他对窦乂说:

崇贤里有小宅出卖,直二百千文,大郎速买之。

崇贤里是长安的一个著名的小区，里面经常住着达官贵人。大郎，是米亮对窦乂的尊称。米亮说崇贤里有一座小房子要卖，要价二百贯，你赶紧把他买下来吧。窦乂做事都是讲究策划的，从来不蛮干，冷不丁投资一处房产，其实并不符合他一贯的经营理念。但是窦乂信任米亮，相信自己与米亮这么多年的交情，米亮让他做的事情一定是有道理的，自己没什么好犹豫的。他当即就到西市柜坊取出两百贯钱，出手买下了那座小房子，既不讨价还价，也不问为什么。窦乂用人不疑疑人不用，该出手时则出手如电、无招胜有招，真是霸气侧漏的大商人风范。

等到钱款、房产都交割清楚，房产合同等法律文书也签好了，崇贤里的小房子已经板上钉钉地归到窦乂名下了，米亮这才亮出自己掌握的秘密：

亮攻于览玉，尝见宅内有异石，人罕知之，是捣衣砧，真于阗玉，大郎且立致富矣。

为什么一定要买这座房子呢？房子不值钱，或者就算值二百贯，但它只不过是个道具，买房子真正的目的是宅院中那块被当做捣衣砧的大石头。它不是普通的石头，说它是疯狂的石头一点儿也不夸张，因为在米亮看来，这块黑不溜秋的捣衣砧并非普通的蠢石头，而是一块于阗宝玉。玉自古是中国人的爱物，特别是贵族阶层，更是喜欢各种玉器。于阗玉更是玉中极品，这么大的一块于阗玉，当然是笔大财富。好的玉石都是上亿年形成的，表面往往裹着一层不起眼的风化层,所以如果不识货,这么大的宝贝在你家里摆上几十年上百年,也依然是块一文不值的烂石头。春秋时期楚国的"和氏璧"不就是这样的故事吗?卞和抱着一块石头跑去献给楚王,结果献了两次都没有人相信他,自己的双脚也被砍掉了。为什么没人认得呢?都是风化层惹的祸。现在还有人玩一种"赌石"的游戏,其实说起赌石来,卞和算得上是老祖师,而窦乂的胡人朋友米亮,也称得上是个高手。石头内部有没有玉,直到科技发达的今天,也没有任何工具在不切开石头的情况下准确鉴定。卞和、米亮为什么能这么自信地认准呢?一靠经验,二靠运气。

窦乂虽然相信米亮是真心报答他,但是捣衣砧变成于阗玉这件事也太离奇了,他倒真有些迷惑了。米亮建议窦乂去找一个专门加工玉器的行家来看看。窦乂请来了玉工,玉工看到这块捣衣砧后大为惊叹,一下子就认定这是个难得的宝贝,他说:

此奇货也,攻之当得腰带銙二十副,每副直钱三千贯文。

这块大石头至少能加工出二十副腰带銙(kuǎ),每副能卖三千贯,仅此一项就能卖六万贯。房子价值才二百多贯,而一副腰带銙居然就能顶十几套房子。腰带銙是什么物件?这里再稍作一下科普,腰带銙是古人腰带上的一种饰物,贵族男子行走社交场合、参加皇室礼仪活动必不可少的行头。如今有人在媒体跟前、在朋友跟前,往往会"不小心"炫一炫腕上的手表、腰中的腰带、手中的香烟什么的,似乎显得自己特有面子——事实证明,在网络搜索技术如此发达的今天，这样做往往没有什么好下场。其实古人也有此病，特别是官员、有钱人，也会炫炫自己身上的宝贝。穿什么颜色、什么款式的衣服，政府有规定，不可能太出格，你总不能像前几天我听说的煤老板用黄金给女儿做婚纱，这在唐朝是不允许的，属于"违制"，古代穿衣服是政治问题。衣服没什么好炫的，那大家就炫腰带。古代腰带和现代人的不同，它是扎到外衣上炫给人家看的，所以腰带上一定要有各种小饰物。虽说腰带上的各种小配件也有规定，但毕竟执行起来并不是那么严格，唐初规定什么级别用金、什么级别用银，但似乎并没有对玉有所规定。玉的种类千差万别，这其中于阗玉算得上是极为难得的，市场需求大，供应少，价格自然飙高，所以一幅于阗玉制成的腰带铐能卖三千贯的高价。

　　三千贯是个什么概念？我们还是拿窦乂的创业史来做比较。窦乂种了十年树，然后洗了上千双旧麻鞋，忙活了好久加工了一万条法烛，还得赶上老天爷照应，恰巧都卖上个好价钱，没有一点库存。这么顺风顺水的生意，他最后赚了多少钱呢？大约也就一千多贯吧，连半副腰带铐的钱还不到。如果说之前窦乂的财富还只是个小区杂货店老板的水平，那么他的企业现在一下子跃居世界五百强的层次了。他请玉工专家把这块于阗玉加工了二十副腰带铐，剩下的边角料有做成各种小玉挂件，所有这些加起来，一共卖了近百万贯。当时人们认为家财万贯已经算是大财主了，这之前窦乂的年收入也就千把贯，离家财万贯还有一大段距离，可是在穷哥们米亮的指点下，这场交易下来，窦乂已经成为京城巨富了。

　　窦乂成为中晚唐的传奇商人，既不是靠着种树，也不是靠着当商铺业主,而是靠着一个落难朋友的回报,靠着这张天上掉下的馅饼才成功的。一个非常励志的创业故事,毕竟还要回到善有善报的人生古训上去,这大概也是中国商业文化最想表白的吧!

## "奇商"之"奇"

窦乂的创业故事耐人寻味。他少年即有经商志,又有脑子,又肯出力,更为难得的是他心地善良,机缘巧合,终于成就了长安城的一段传奇。现在我们回过头来看看作为"奇商"的窦乂,他究竟奇在何处?

第一奇是他的勤奋和坚韧不拔,为实现自己的目标,可以忍受常人不能忍的孤独与劳累。他凭借卖鞋赚的半千钱,十三岁就开始了独自创业历程,一个人去经营自己的树林。他白天辛苦劳动,晚上则寄宿在庙里,心无旁骛,十年后终于完成自己的规划,半千钱变成二十多万,盈利达四五十倍。一个长安穷小子的十年发家史,可以说写满了艰辛,没有勤奋的品质和坚韧不拔的精神,他是不可能达成目标的。

第二奇是他独到的商业眼光,能够从众人忽视的事务中发现商机。榆钱、槐子、旧麻鞋等,这些在常人眼中并不值钱的物品,到了窦乂手中,都变成了创造财富的资源。投资弃地"小海池"也是如此,他善于透过事物的表象看本质,因此也更善于把握商机。

第三奇来则自于他人生经历的传奇。窦乂有些机会是可遇不可期的,如果一定要寻找其中的规律,那大概就是勿忘初心、常怀慈悲。窦乂经过胡人米亮的指点,骤然暴富,这种经历深刻影响了后世的商人小说。古人在描写商人如何赚取大量利润时,往往不屑于经商技术上的探讨,而更关注一些好心有好报的桥段,要么是捡到聚宝盆了,要么是种出摇钱树了,总之都反映了古人希望低成本占有大量财富的梦想,这些涉商小说多半是受了窦乂故事的启发。

自《史记》之后,各朝各代的正史中很难找到有关商人的完整记录。这倒不是说秦汉之后中国商人生活得不如意,他们照样把日子过得有滋有味,并时不时地在史志的犄角旮旯里或文人的片言只语中,留下几抹他们精彩人生的痕迹。温庭筠笔下的窦乂,就是极佳的例子。

"财神"沈万三

中国民间有供奉财神的习俗，各地供的财神并不一样，如今商铺里最常见的是五路财神赵公明和三国大将关云长，另外古代名人比干、范蠡、子贡也曾被当作财神供奉过。财神队伍中除了这些文官、武将之外，还有不少僧人、道士，另有一个特例，那就是出身平民的财神沈万三。自明朝至今六百多年，"沈万三"几乎成了财富的符号，老百姓一提起，立刻能联想到"富甲天下"、"富可敌国"等词汇。如果给中国古代商人列一个财富榜，沈万三雄踞榜首应该没有什么问题，就连《金瓶梅》里的潘金莲都知道"南京沈万三，北京枯树弯，人的名儿，树的影儿"。山东沿海一带，过去有不少地方供奉"财神"沈万三。有历史学家坚持认为"沈万三"是虚构人物，但老百姓并不买账，一部中国商业史，少了"江南首富"沈万三，那一定会黯然失色不少。在沈万三的故居千年古镇周庄，更是处处有着他的印记，几乎每一个周庄人都能绘声绘色地讲上一段沈万三的掌故，甚至不少人依然坚信沈万三的秘密宝藏至今仍埋藏在周庄的某个角落。前几年，贵州省某偏僻山寨突然冒出来一群人，声称自己是沈万三的后人，一时间当地媒体大肆炒作，民间专家热心捧场，历史学者嗤之以鼻，大家颇为热闹了一番。证无可确定之伪，即便符合学术伦理，也未必是件道德和正义的事情。倘山寨之人仅为当地民生稻粱而谋，既无关乎学术，又无害于他人，何妨乐观其成？必定要煞有介事地苛责于山野村夫，则教授专家们也真成了三家村冬烘先生了，既无同情心，亦乏幽默感。

## 身世之谜：确有其人乎？

沈万三在民间传得神乎其神，不仅江浙一带到处流传着他的故事，就是京津、山东等地，也有沈万三的传说。沈万三在民间粉丝众多，同时他还颇受明清文人偏爱，有不少关于他的文字记录流传。如果我们去仔细梳理这些材料，会发现不少互相矛盾的地方。沈万三的财富是一个谜，他的人生履历也是一个谜，甚至明代到底有没有沈万三这号人物，也成了学术界争论的话题。

元末明初，天下大乱，沈氏家族在乱世中大发横财，成为富甲江南的巨富，前后绵延数代，这么巨大的历史存在，恐怕否定起来是比较困难的。不过有人认为沈家不同的年代都有人被称作"沈万三"，这样一来，史料中关于沈万三的一些记录，至少在年代上能前后说得通。这种说法并没有否定沈万三确有其人，只不过认为沈万三可能是沈家几代当家人的统称。我更倾向于认为沈万三还是那个沈万三，只不过是被传奇放大了的沈万三。在沈万三的故事流传过程中，人们喜欢把沈氏家族后人的事迹也安放到他的身上，也许还安放了一些古代其他大商人的故事——这样的事情在传播史上经常发生，并不罕见。比如我们熟悉的包青天，只是北宋一名还算正直的官员,在以廉洁著称的北宋文官队伍中,他并非首屈一指,甚至还比不上范仲淹、王安石、欧阳修这些文坛名宿、政坛大佬,更谈不上是什么集正义和智慧于一身的神探。但是老百姓喜欢这个人物,经过几百年的演义、评说,一些不是包公断的案子,也被安到包公头上,甚至还赋予包公一些神奇功能,让他能够断阴阳两界的案子。不过就算再夸张,包公还是那个包公,我们不能因此就说历史上没有包公这个人物。同样道理,史料可以证明,沈万三本人在元末明初的历史上确切存在过。且不说民间传说的栩栩如生,即使明代文人的笔记、文集中,也时常能发现沈万三的影子,官方正史《明史》即有三处提到过沈家。近代出土的沈氏家族墓志铭,更是为沈万三的确切存在提供了铁证。

历史上确有沈万三这个人,那么他到底生活在什么年代呢?搞历史研究,讲历史故事,总归要搞清楚时间、空间、人物、事件这四大要素。其中时间和空间是最为基本的,可以说是历史研究的第一坐标。现在历史学界对于沈万三的具体籍贯在哪里还有些争论,但他被称作"江南首富",主要活跃在江南一带是没有什么问题的。空间基本确定了,那时间怎么解决呢?沈万三到底是元朝人还是元末明初人?有学者详细考证了地方志资料,再辅以文人往还诗歌等其他证据,得出了沈万三不是明朝人的结论。不过这种看法毕竟不是学界主流意见,目前,大家通常认为沈万三是元末明初人。这两种说法都有一定的道理,也都并非铁案如山。在历史讲述中我喜欢坚持一种比较保守的做法,即在有学术争论时,更倾向于暂时认可正史中的记载。根据《明史》的相关记录,沈万三的确是元末明初人。即使这个结论存在一些疑点,但在没有铁证推翻前,我们还是认同《明史》的记载为妥。

时间和空间问题基本解决了,我们再来谈谈沈万三的家世。明朝人田艺衡《留青日札》里有一篇专文写沈万三,其中有这样一段文字:

> （沈）万三名富,字仲荣,其弟万四,名贵,字仲华,本湖州南浔人。父沈祐,始徙苏之长洲东蔡村。贵之子汉杰,又徙于化周庄。今南京之会同馆乃其故宅,后湖中地乃其花园。初居东蔡村,时人以污莱之地归之。祐躬率子弟服劳,粪治有方,潴泄有法,由是致富不赀。
>
> ——《留青日札》卷三十五

这段材料告诉我们,沈万三本名沈富,字仲荣。既然叫沈富,那为什么又叫沈万三呢?而且后面我们还会碰到材料,说他叫沈秀。一个人的名字为什么有这么多花样?沈富后来被称作沈万三,或者被称作沈秀,其实也是有来历的。大体有三个说法,第一个说法是因为沈富家里特别有钱,财富堆积如山,所以号称"万山",叫来叫去地就叫成"万三"了,这种解释在明朝文人中颇有一些市场,如孔迩的《云蕉馆纪谈》、蒋一葵的《长安客话》等,都持此说。第二个说法是沈富在家里排行老三,所以称沈万三,而他的弟弟沈贵则称沈万四。杨循吉的《蓬轩别论》、宋长白的《柳亭诗话》就如此认为,我们上文引用的《留青日札》,也持这种意见,这种解释成了后世对沈万三名字来历的主流解释。第三种解释与明初的制度有关，当时朝廷把老百姓分五等，分别是哥、畸、朗、官、秀，其中秀是最高级别，巨富者称作"万户三秀"，而沈富也被称作沈万三秀，有时候也简称为沈秀。这个解释是比较靠谱的。但是我们不能说前两个解释就不对了，历史上好多事情的发生原因我们现在不能确定，好在我们能确定的是，沈万三也好，沈秀也罢，其实都是称号，并非其户口簿上的真名，而沈万三的真名应该就是沈富。既然老百姓都习惯称呼他沈万三这个名字，从俗应该是最好的选择。

明代大文豪宋濂的文章《夏宗显新圹志》中提到了"苏之沈氏"：

> （粮长制度）制定而弊复生，以法绳之，卒莫能禁。是时，为苏之沈氏以奉法称，天子亲召与语，赐之酒食，时减免其田赋，名闻四方。
>
> ——《宋文宪集》卷三十四

根据《明太祖实录》的记载，朱元璋召见沈氏的时间是洪武三年，宋濂也参加了此次接见活动。朱元璋自己靠造反夺得天下，当然知道"官逼民反"的道理，他担心地方官会借征收税粮的机会欺压盘剥老百姓，于是就绕过官府征收这一环节，让地方百姓公推一个人做他们的代表，称作"粮长"，统一征收大家的粮食，然后由他代表大家直接和朝廷交割。最初"粮长"大都是当地老百姓推选出来的富户，后来也可以由朝廷直接委派。"粮长"虽然不是朝廷命官,但在地方上势力越来越大,渐渐地几乎等同于地方官。朱元璋推行"粮长"制度的出发点是为了保护老百姓的利益,但是一旦推行开来,也会产生一些新问题——"粮长"慢慢地演化成地方上的特权阶层,时不时地和地方官员沆瀣一气,干些坑害老百姓的勾当,这就是宋濂文章里写的"制定而弊复生",靠人治而非法治,这种新既得利益者的出现是必然的。但沈氏却属于那种一心为公、不谋私利的"粮长",所以受到朱元璋的接见和称赞。

宋濂文章里提到的"沈氏"是沈万三吗?会不会是其他沈姓富人或者沈万三的后人?我们这里恰好有一条证据,可以证明此"沈氏"正是沈万三。明代文人刘三吾写的《沈汉杰墓志铭》中记载:

> 自予备官春坊词垣以来,日于班次拱听圣训,恒钱谷所暨必首称吴中沈氏。国初有万三、万四公兄弟,率先两浙户家输其税石者万,玉音嘉叹久之。
>
> ——《坦斋集》

这里明确写出,朱元璋在"国初"夸奖的"吴中沈氏"正是沈万三、沈万四兄弟。把宋濂的文章和刘三吾的文章放到一起,我们可以确认,朱元璋在洪武三年曾召见过沈万三,这也可以称得上沈万三生活在元末明初的铁证。

## 财富之谜：是天上掉馅饼还是"通番"？

沈万三小时候家境并不太好，那他们沈家怎么就成了江南第一富商的呢？

《留青日札》里交待得很清楚，沈家是从沈万三的父亲沈祐开始逐步发家致富的，用的致富方法跟当年范蠡刚下海时一样——种地务农，靠经营农产品发家。"时人以污莱之地归之。祐躬率子弟服劳，粪治有方，潴泄有法，由是致富不赀"，这段话其实说了两件事儿，第一件事儿，沈祐以低成本甚至免费获得一块"污莱之地"，这成为他们家起步的基础。"污莱之地"就是因地势低洼而被废弃的土地，这样的地种庄稼很难获得好收成，有经验的老农是不愿在这样的土地上费心思的，所以沈家能轻易获得这样一块儿废地。第二件事儿，沈家在这块地上进行了耕作技术改良，使本来不值什么钱的土地产生巨大的效益。这至少说明一点，沈万三的父亲不仅是个会种庄稼的好手，也是土地改良的好手。所谓"粪治有方，潴泄有法"，指的是田间施肥技术和土壤改良技术，看起来这倒是个农业技术史的好例子。

总而言之，沈家致富，除了低成本获得生产资料、勤劳肯干等因素外,主要靠的还是技术,这与我们前面讲过的范蠡、卜式很相似。范蠡也是在海边改造盐碱地,提高粮食产量,赚到了自己下海后的第一桶金。卜式呢?吃的也是技术饭,他的养羊术堪称一绝,后世甚至有人盗用他的名义出版养羊技术指南。在此顺便辨析一个问题,有专家说所谓"污莱之地"只是个借口而已,其实沈家利用元末乱世之机,大量囤积土地发了大财。听起来似乎挺有道理的,唐朝传奇商人窦乂不就是靠开发弃地"小海池"发了大财吗?但"小海池"毕竟在长安城的市场旁边,可谓占尽了地利,我们目前没有找到过硬的史料证据证明,沈祐这块"污莱之地"后来做了什么开发用途。另外根据历史经验,乱世中最不值钱的就是土地,沈老爷子不是股神,他怎么能预料到几年后天下会被朱元璋统一,自己早早地就开始囤积土地以待太平之时呢?揆之情理,我们还是更愿意相信沈家最初是靠勤劳、技术致富,而不是靠在乱世中投机房地产。

我们可以确定沈家最初创业靠的是种地,但是新的问题又产生了:沈家要有多少这样的"污莱之地",才能成为江南巨富?沈家在沈祐和儿子们的辛苦劳作下,靠农业生产脱贫是有可能的,不过很难成太大的气候,日积月累也许能达到所谓"多田翁"的程度,但离"江南首富"还有十万八千里。沈家资产的快速增值,是沈万三时代的事情。沈万三又是凭什么让沈家的财富暴涨呢?后世的八卦专家们也解释不了沈家的巨额财富来源,于是就炮制出一些传奇故事,来给沈家安排些天上掉馅饼的好事。明人的野史笔记中有说他是打鱼时捞了一大堆宝贝石头"乌鸦石"的,有说他得到天上神仙特别资助的,不过最被人们所熟知的还是"聚宝盆"神话。清人褚人获的《坚瓠集》比较完整地记录了沈万三获得"聚宝盆"的经过:

> 明初沈万三贫时,夜梦青衣百余人祈命,及旦,见渔翁持青蛙百余,将事剖刳,万山感悟,以镪买之,纵于池中。嗣后喧鸣达旦,聒耳不能寐,晨往驱之,见俱环踞一瓦盆,异之,持之盆归,以为盥手具,初不知其为宝也。万山妻于盆中灌濯,遗一银记于其中,已而见盆中银记盈满,不可数计。以金银试之,亦如是。由是财雄天下。
>
> ——《坚瓠集》卷二

这是典型的好心有好报的戏码,张岱的《明纪史阙》、谢肇淛《五杂俎》等,也都提到了沈万三的聚宝盆,而且还把聚宝盆的传说和沈万三后来助修南京城墙的事儿联系起来,说他把聚宝盆也捐了出来,埋在南京城门之下,终于使工程按期完工。其实,聚宝盆的传说可不是明人发明的,宋代就已经有这样的故事了,人们甚至还把聚宝盆的发明权安到商圣范蠡头上。明清以来,商业经济发展,人们低成本占有大量财富的欲望大大增强,沈万三的聚宝盆只不过是大家用来演绎自己财富梦的道具而已。

在沈万三快速致富的众多解释中,比较靠谱的一个是沈万三意外得到了别人的大量馈赠。据说沈万三曾给当地一个叫陆德原的富商当经纪人,大概由于他看起来为人忠厚,做事情又比较认真可靠，因此获得了陆家的信任。陆家不知出于什么原因要散尽家产进山做道士，作为陆家财产经纪人的沈万三获得了陆家赠予的巨额财富。不过陆家就算是当地有钱人，其财富和鼎盛时期的沈万三还是不能相比的，单单靠着这些别人赠送的钱，沈万三依然成不了江南首富，他是不是还有别的招数来增加自己的财富？学界通常认为，沈万三财富主要来自于经商利润，自家老父辛苦种地攒下的老本也好，陆家突然无偿赠予家产也好，对沈万三来说，不过是他后来进行大规模经商活动的原始资本。

　　从现有的材料来看，沈万三在乱世中依靠地方割据政权势力，通过经商大发其财，这应该是他巨量财富的真正来源。元朝末年，吴中一带是张士诚的地盘儿。张士诚本为盐工，因不堪元朝压迫而起兵造反，但后来他又投降元朝，获得元朝的封赏，转而成了朱元璋义军的死对头，最终被朱元璋消灭。张士诚盘踞江浙一带十几年，沈万三与他关系密切，因此获得比别人更多的经商机会，甚至能火中取栗，做一些禁运商品的生意。有史料显示沈万三曾经"通番"——即做海外生意。虽然我们无法得知他"通番"的商品到底包括哪些种类，但他干这一行发了横财是可以想见的。有些历史学家对沈万三"通番"持怀疑态度，他们认为明代实行禁海政策，沈家不可能进行海外贸易。其实这种看法似是而非，如果沈家在明朝建立前，已经完成原始财富积累，明代的禁令，如何能禁得了明朝前的事情？另外，就算到了明朝有禁令，沈家也未必做不了"通番"生意。历史脉络不会完全按着历史文献的规定发展，它往往呈现出更复杂的形态。比如我们现在并不缺少食品安全、环境保护的法令,这些法令也会形成历史资料,但500年后的历史学家如果仅仅根据这些文件就得出结论——二十一世纪初的食品很安全,没有毒馒头没有毒奶粉;二十一世纪初的空气很清新,从来就不可能出现雾霾,这该是多么荒谬可笑的研究成果啊!

　　说有容易说无难,在没有大家都认同的铁证之前,历史研究中不能轻易否定已有的记载。既然史书上说沈万三"通番",考虑到他的财富增长速度,这不仅是可能的,而且或许正是他资产快速增值的真正原因。

## 筑城之谜：此事并非向壁虚构

在众多有关沈万三的民间传说中，最为人们所熟知的就是他因炫富而得罪明太祖朱元璋的故事了。

朱元璋天下初定后，决定把都城设在南京。虽说南京是六朝古都，但自南唐灭亡到朱元璋定都，风风雨雨已经过了四百多年了，这期间南京一直没有经过像样的修整。作为一代新兴王朝的都城，最先考虑的当然是选址，南京虎踞龙蟠，虽说定都于此的王朝多半短命，但南京的确历来受统治者和文人偏爱，我也曾问学金陵三年，那可真是一块有山有水有文化的宝地。接下来最重要的问题是安全，在冷兵器时代，只要城墙修得高、修得厚，京城安全系数就会大大提高。当然这也不是绝对的，古人云"在德不在险"，特洛伊的城墙多坚固啊，还不是被阿伽门农的希腊联军攻破？北宋的东京汴梁城也称得上是固若金汤，可"靖康之变"时，弱智皇帝任用江湖骗子做大将军，训练了几千个声称会"隐形"的"神兵"守城，结果刚一开战，"神兵"们就弃城而逃，金兵即刻拿下东京。历朝历代哪个亡国之君不是躲在高大的城墙里？但最后还不是都烟消云散、尽入渔樵笑谈之中！道理虽然如此，但如果君主既无德也无险,恐怕烟消云散得更快。古代都城的城墙一修就得几十里,而且往往内外好几重,修城墙绝对称得上是烧钱的大工程。南京城的修建也是如此,朱元璋正式称帝前几年就开始动工了,一直修到他驾崩,前后用了近四十年的时间。

天下初定、百废待兴,最缺的就是钱。修南京城墙这么浩大的工程,朱元璋上哪儿去筹措工程款呢? 根据史料,江南首富沈万三雪中送炭,适时伸以援手。民间的传说或许添加了不少枝枝叶叶,那我们先来看看《明史》是怎样记载沈万三助修南京城墙一事的。作为商人的沈万三不可能有进入正史立传的机会,关于他的记录散见于其他人的传记中。其中孝慈高皇后传中就有一段生动的描写:

> 吴兴富民沈秀者,助筑都城三之一,又请犒军。帝怒曰:"匹夫犒天子军,乱民也,宜诛。"后谏曰:"妾闻法者,诛不法也,非以诛不祥。民富敌国,民自不祥。不祥之民,天将灾之,陛下何诛焉!"乃释秀,戍云南。
> 
> ——《明史》卷一百一十三

这里说的正是沈万三助修南京城的事情,孝慈高皇后就是朱元璋的妻子,著名的大脚马皇后,在民间颇受尊重。国家有大的兴造,富商往往要趁机向朝廷表表忠心。不过,大部分人未必会像西汉义商卜式那样主动出钱,通常朝廷会颁布诏令,给这些富商们一个大体的捐献数额,然后大家再根据上头的意思纷纷掏钱。但是沈万三急于向新政权表达效忠之意,居然捐出修三分之一城墙的钱。南京城墙修了四重，期间又有重建、扩建，这里不太清楚沈万三到底参与了哪一部分的修建工作。不过无论那一部分城墙，承建三分之一的费用都不是一个小数目，说他"富可敌国"，看来并非夸张。民间还传说沈万三卯足了劲和朱元璋进行筑城竞赛，不仅工程质量比朝廷承建部分更好，而且还提前完成了任务。沈万三能够在改朝换代的乱世中大发其财，必定有他乱世生存的智慧，不太可能会发生借修城跟朱元璋斗富这样的事情。不过即使斗富之事子虚乌有，沈万三因暴露自己的经济实力而招致统治者猜忌也是有可能的。出资修城顶多引起朱元璋的羡慕和嫉妒，真正让朱元璋忌恨的是沈万三修完城墙后的举动——要求出资犒军。沈万三作为"江南首富"，自然是不缺钱的，他一方面想继续拍新政权的马屁，另一方面或许多多少少有炫富之心，竟然提出给参加修城工作的军人发奖金，这下子彻底惹恼了朱元璋。

　　朱元璋此人心理的确有些变态，疑心病非常严重。他出身低贱，还曾经要过饭，大概当年没少受富人的白眼。有朝一日自己爬上皇帝宝座，打心底里仇视富人，一有机会就想打击一下富人的势力，要不是坐天下还离不开有钱人的支持，他可能早就把土豪这一阶层整个铲除了。沈万三助修三分之一南京城，已经让他心里不是滋味，他知道沈万三有钱，可没想到这么有钱，这样的人一旦有了什么坏心思，对新建立的大明朝是非常不利的。正在郁闷的时候，又有新的烦恼上门了——参与修城的军队完成任务了，但朝廷一时拿不出犒赏他们的奖金。奖金拿不到，对普通人来说顶多发发牢骚也就罢了，可是军队中万一有了牢骚，对新政权来说可是非常危险的事情。朱元璋正不知道如何解决军队奖金问题,沈万三竟然主动跳出来献殷勤,提出替朝廷犒赏军队。

沈万三就算多少有点炫富之心,但他的本意是为朱元璋分担忧愁,倒真不可能借机收买军心以图谋不轨。但是令沈万三没想到的是,此举不仅没有获得朱元璋的好感,反而让他勃然大怒。《明史》马皇后传记里并没有详细描述这是怎样一个过程,我们看《留青日札》里是怎么记载的:

> 命分筑南京城,自洪武门至水西门,其工先毕。太祖尝犒军,万三欲代出犒银。上曰:"朕有军百万,汝能遍及乎?"万三曰:"每一军,愿犒银一两。"上曰:"此虽汝好意,然不须汝也。"
> ——《留青日札》卷三十五

在朱元璋的刺激下,沈万三的确有了炫富的言辞。二人间对话的真实性不得而知,但是却让我想起唐朝富商王元宝向皇帝唐玄宗炫富的故事。当年唐玄宗问大富商王元宝到底有多少钱?王元宝回答:"臣请以一缣系陛下南山一树。南山树尽,臣缣未穷。"(缣,音兼,一种丝织品,古代多用作赏赐酬谢之物,亦用作货币)王元宝高调炫富,终南山是你皇帝家的,山上的树木何止千万棵,一缣能买好多棵树,但我不计较,我就按一树一缣和你比,结果你终南山所有的树加起来,也没有我的缣多。这王元宝的确是非常欠扁的样子,不过唐玄宗毕竟是受过教育、有素质的人,他并没有因为比不过王元宝而发怒。而朱元璋则不同,他是个心理阴暗、手段凶残的家伙,沈万三一心想拍朱元璋的马屁,但是这次却失手拍到马蹄子上了。孔子曾经说过"富而不骄"是容易的,但"富而好礼"是难做到的。那是孔老夫子对学生的高标准要求,实际上稍微有点钱就炫富、矜夸,几乎是商人的通病,要真正做到"富而不骄"这一层次,也是非常难的。沈万三敢于承担一半或三分之一的南京城墙修建任务,已经有些炫富的意味了,这自然会让一个本来就痛恨有钱人的变态皇帝心里不爽。现在沈万三居然敢提出用自己的钱犒赏军队,朱元璋故意激他一下,看看他到底有多大实力,结果他瞬间智商归零,分分钟就能甩出上百万两银子,硬生生地把新皇帝给噎住。此时的沈万三大概还沉浸在巨大财富带给他的成就感,并没有意识到自己的好日子到头儿了。

  果不其然,朱元璋立刻对沈万三动了杀机:"匹夫犒天子军",这种收买人心的伎俩,打眼一看就是奔着作乱的节奏去的,本来就多疑的朱元璋岂能容忍?要不是马皇后从容劝谏,朱元璋可能很快就把沈万三杀掉。但死罪饶过,活罪难免,沈万三最终被流放。流放到哪里呢?据史料记载是流放云南了,他家的财产也被朝廷查抄了。虽然江南沈氏家族并没有从此一蹶不振,但对沈万三而言,他的富商之路却实实在在走到头了。

  明朝人大都认可沈万三被发配、家产遭到抄没的说法。沈万三虽然富甲一方,但的确不是朝廷的重要人物,得罪的又是全国最大的老板——皇帝朱元璋,被皇帝随便找个什么理由收拾一下,对大明王朝来说真算不上什么大事,不可能进入国家正史。所以明初史料的确很难找到朝廷严惩沈万三的详细记录。倒是文人们会时不时地在文章中透露一点信息,比如清人陈元龙《格致镜原》卷三十六就写到"洪武初,抄没苏人沈万三家,条凳、椅桌、螺钿,剔红最妙,六科各衙门犹有存者"。我们根据这条材料去逆推一下,的确与实际情况相合。洪武三年的时候,朱元璋接见过沈万三,彼时关系还算不错,这一点可以由史料证明,我们前文已讨论;而另有材料显示,到洪武九年,沈万三已经不再人世了。所以,如果沈万三被朱元璋处罚,只可能发生在洪武三年到洪武九年,说起来正是所谓的"洪武初"。朱元璋修建南京城墙,从开国前两年动手,一直修到洪武三十八年,时间跨度近四十年,沈万三作为江南富商,在洪武三年和洪武九年之间参与这一浩大工程,从时间上来说,也没有什么可以值得怀疑的地方。只不过助修城墙后,沈万三很快失宠于当权者,属于他的人生大戏就在这几年中落幕了。

沈万三因炫富得罪朱元璋的事儿,出自《明史》这样的正史记载。《明史》是清人撰写的,参考的还是明朝人自己的各种资料,并非向壁虚构。不过整个事件看起来的确过于八卦,史学界一直对明史的这段记载争论不休,而且对沈万三修筑一半或者三分之一南京城墙持怀疑态度。其实通过阅读不同史料,可以确定这样三个事实:第一,沈万三无论出于自愿还是被逼无奈,的确为朱元璋修建都城提供过大量金钱资助;第二,沈万三在资助过程中有意无意的炫富,虽未必有收买人心的图谋,但的确触痛朱元璋敏感的神经;第三,沈万三即使为大明王朝建设贡献了力量,但新政权并不买账。翻检史料可知,朱元璋的确在开国初年对江南富户进行过残酷打压,沈万三的命运可能只是江南富户的缩影而已。

## 沈家败落:一场风花雪月后的惨案

　　沈万三的故事虽然结束了,但是沈家的财富传奇却依然延续。沈家虽然在明朝初年受到朱元璋的打击,但似乎朱元璋并无意斩草除根,材料显示沈家还一直担任着地方粮长的重任,家族成员虽然偶有牢狱之灾,但沈家基本上还能维持江南富户的架子。

　　比较耐人寻味的是洪武二十一年,朱元璋给沈万三的姻亲莫礼、侄孙沈玠等人封了官职,以此显示皇恩浩荡。不过沈家此时好像依然没有从沈万三身上汲取教训,他们在接到任命的时候,声言已经得到朝廷太多的照顾,"难以消受"皇帝这份新的恩赐,居然向朱元璋上书请求辞去俸禄——换句话说,编制、公务员身份我们却之不恭,感谢皇恩浩荡,我们接受了,但工资不用国家操心,我们不再给国家添麻烦了。这么做当然出于奉迎皇帝之意,但也可能让人理解成我们不差那点钱,所以干脆不要了。如果是别的官员这样做倒也罢了,但是沈万三曾经因为没把握好拍马屁的尺度,遭到朱元璋的忌恨和打击,作为家族姻亲、后人并没有从中汲取教训,又在金钱的问题上触痛皇帝脆弱的神经,的确是不应该的。送礼物被退回是很没面子的事情,特别是被自己一贯讨厌的富人退回。

史志上没写朱元璋对此事的态度,只是记录了朱元璋的两道圣旨,很简单,每道四个字,共八个字,第一道是:"要辞,从你",第一道是"愿受者听"。前者是对"辞俸"事件的直接回应,后者是补充说明,因为当时受到奖赏的不仅仅是沈家的人,怕其他人被沈氏道德绑架,给大家一颗定心丸,意思是人家有钱任性就随他折腾,大家不要跟着死要面子活受罪,国家不差这几两俸禄。虽然我们不便从这八个字中做过多的诠释,但翻来覆去地读,总觉得多多少少有些冷淡、不屑的意味在。

洪武二十六年前的沈家依然金玉满堂,不过,他们虽然在商业经营活动中如鱼得水,但真的非常缺乏政治敏感。不幸的是,沈家又偏偏喜欢和政治靠得太近,这其实是很危险的事情。朱元璋在位期间,大搞"胡党"、"蓝党"案,把开国功臣都杀得差不多了,民间更是谈"党"色变,唯恐惹祸上身。洪武二十三年正是朱元璋大抓"胡党"的高潮,一大波功臣被处死,朝廷上包括王爷在内的多少达官贵人都如履薄冰、朝不保夕,可谓"风雨欲来风满楼",朝野上下笼罩着恐怖气氛。作为江南富户的沈万三家族,虽然说远离政治中心,也应该小心低调,韬光养晦。材料显示沈氏家族是怎么做的呢?我们可以通过沈万三姻亲莫礼的眼光,来看看沈家在洪武二十三年的状态吧。这年已升任朝廷户部左侍郎的莫礼回乡省亲,专门到沈家拜访,他看到的情况是:

> 其家屏去金银器皿,以刻丝作铺筵,设紫定器十二卓,每卓设羊脂玉二枚,长尺余,阔寸许,中有沟道,所以置箸,否则

箸污刻丝作故也。行酒用白玛瑙盘，其班纹及紫葡萄一枝，五猿采之，谓之五猿争果，以为至宝。其赘婿顾学文设宣和定器十二卓，每汤一套则酒七行，每一行易一宝杯，两家僮仆皆衣青罗里，其他珍异肴果不言可知。

——《弘治吴江志》卷七《居第》

  文章中描绘的物件，绝非寻常之家可有。羊脂玉乃玉中精品，仅用来做搁架的一尺多长、一寸多宽的羊脂玉就有二十四块。这要是放到现在的鉴宝大会上，即使不考虑文物因素，每块价值恐怕不会低于百万，更不用说里面提到的宣和定器、白玛瑙盘了，每一物件的价值都是天文数字。曾经因炫富遭到过朝廷打击，如今朝政又十分复杂，沈氏家族不仅不低调收敛，反而穷奢极欲，肆意炫富，巴结朝廷高官，其走向彻底败亡的日子的确不远了。这段材料里还特别提出沈万三的赘婿顾学文，而这个人正是两年后彻底葬送沈家的人。

  盛极必衰，富不过三代，这几乎是社会的自然规律。到了洪武二十六年，不知收敛的江南沈氏家族因"蓝玉党案"而在劫难逃。蓝玉是朱元璋手下大将，多年来战功卓著，特别是平云南、破北元，为大明朝的江山稳固立下汗马功劳。朱元璋在自己的太子朱标死后，立朱标的儿子朱允炆为皇储，他担心将来朱允炆即位后驾驭不了蓝玉，再说蓝玉多少也有点居功自傲，更是引起朱元璋的猜忌。洪武二十六年二月，朱元璋开始大兴"蓝玉党案"，株连一万五千多人，这其中就包括著名的江南富商沈氏家族。沈氏家族在这场灾难中几乎惨遭灭门,家族中多人被斩杀,家产完全被抄没,沈家从此一蹶不振,无复江南巨商的风采。蓝玉是开国功臣、国公一级的人物,沈家虽然有钱,但也只不过是个地方土豪而已,他们怎么能卷入到"蓝玉党案"中呢?让人们想象不到的是,这场几乎搅动整个江南商界的大风波,起因竟然是沈万三赘婿顾学文的一场婚外情。

这个故事简直就是一部情节跌宕起伏的传奇小说,我们甚至能隐隐看到《金瓶梅》的影子,只是沈家的故事比《金瓶梅》来得更血腥、更惨烈。要完整讲清楚沈家的灭门来龙去脉,我们还得从一个叫王行的学者说起。王行是个很有学问的人,名列"明初十大才子"之一,沈家以前曾经聘请过这位王先生担任家庭教师,两家在元朝末年就有往来。洪武十二年,王行应蓝玉的邀请,前往蓝家担任家庭教师,这期间他还曾与丞相胡惟庸有过交往。"胡惟庸案"兴起后,王行为了避嫌,离开京城,返回苏州老家。对于这一个无官无职的读书人,朝廷大概也没有兴趣追究他与胡惟庸的交往之事。但沈氏家族不知避嫌,反而认为王行有广泛的社会资源,应该好好结交,于是又再次聘请王行担任家庭教师。"蓝玉党案"发前,王行恰巧因事到京城,又在蓝家挽留下,继续给蓝玉的孙子当老师。

本来沈万三家不过是个江南富户,就算他们再不韬光养晦,就算朱元璋再有仇富心理,朝中的政治动荡也不太容易关联到他们家族,他们家也不至于被连根铲除。但是有了王行这个中间人,一切都不同了,沈氏家族通过王行这条线,搭上了炙手可热的实权人物蓝玉。我们没有材料证明沈氏家族搭上蓝玉后获得了哪些经商利益,但以沈万三在元末交好张士诚、明初巴结朱元璋的做法来看,沈家似乎向来热衷于结交权贵,并以此获得经商上的便利。不谙朝堂政治却又想走捷径的沈家搭上了蓝玉,如果仅仅如此倒也罢了,就算和蓝玉有些经济上的纠葛,但沈家毕竟没有多少机会介入朝廷政治,陷入党案的风险还算可控。但问题出在沈万三家风不正,赘婿顾学文的一件风流韵事被人利用,由此彻底断送了沈氏家族。

这故事说起来这简直是一部明代版的西门庆与潘金莲的桥段,我一直怀疑《金瓶梅》作者或许取材于此。顾学文是沈万三的赘婿,也担任着粮长职务,他家附近有个姓陈的人家,老爹在京城当官,儿子是个呆头呆脑的官二代,但儿媳妇梁氏却不仅国色天香,而且是个文艺女青年。顾学文爱慕梁氏已久,但苦于没有机会下手,于是通过一个做生意的老太婆穿针引线,一来二往,终于和梁氏勾搭成奸。世上没有不透风的墙,就算西门庆杀了武大郎,那血溅狮子楼还不是早晚的事儿?顾学文和梁氏那点偷鸡摸狗的事情终究传到梁氏的公公陈某耳中,陈某当然也不是什么正人君子,他觉得告发顾学文勾引良家妇女,就算是官司打赢了,也对自己家的名声不利,于是隐忍不发,暗地里找机会报复。

洪武二十六年,朝廷大兴"蓝玉党案",办案人员左右勾连、唯恐不尽。陈某探知沈氏家族和蓝玉的关系,趁机上奏了一本,告发顾学文和蓝玉谋划造反。"蓝玉党案"正在风口浪尖上,重刑之下,何求不得?顾学文被抓后很快就"招供",承认参与了蓝玉的谋反策划,于是乎他身后的整个沈氏家族也被大起底,沈万三子孙九人,统统被砍头,沈家也被抄了个干干净净。当时抄家的情形非常惨烈,《弘治吴江志》卷一二《杂记》里原注中引用了无名子一首诗,描述当时沈家被抄家的情形,其中有云:

> 将军面如生铁盘,手中仗剑青锋寒。
> 家财一一广推究,令严不敢相欺瞒。
> 大妻呈上碧玉钏,小妾献出珍珠冠。
> 将军勘财多则喜,不免生机巧扳指。
> 一双白璧藏东家,千两黄金附西里。
> 东家西里偿不了,鞠问才终复鞭拷。
> 绛纱裙揭藕丝香,白股一双冰雪皎。
> 杖头肉作花片飞,血流满阶红不扫。
> 哭声相逐诉声高,历历丹山凤皇叫。

诗中的"将军"就是主持抄家事务的朝廷警察,"抄家"是这伙人最喜欢的肥差,他自然不会放过趁机发财的好机会,于是"杖头肉作花片飞"也就不可避免了。那顾学文自知难逃一死,就胡乱指证了七十二家仇家,也不知道他到底为什么有这么多仇人。而这七十二家又互相指证株连,案子的规模越来越大,几乎成了江南第一大案,到最后江南竟有上千家富户因为这桩案子而家破人亡。如果评比史上代价最高的婚外情,"顾梁之恋"大概可以荣登榜首了。只不过历史没有那么浪漫,江南风景秀丽之地,因为沈万三不肖家人的风流韵事,一时间鸡飞狗跳、血雨腥风,说起来真是令人感慨。

## 沈家的教训

朱元璋在位末期,江南首富沈氏家族卷入蓝玉谋反案,沈万三子孙九人被凌迟处死,家产全被抄没,"江南首富"沈氏家族从此退出历史舞台,但有关沈万三化而为财神的各种传奇故事,却开始登场了。沈氏家族在元末明初的显赫一时,在洪武末期的家破人亡,使人们在艳羡沈万三财富的同时,也不禁感叹世事无常。沈万三的故事越来越传奇,他本人也越来越被神化,以至于最终成为不少商家喜欢供奉的财神。沈万三变成财神,只是一种民俗现象,我们不必对此过多在意,但沈万三及其家族命运给我们带来的启示却值得关注。孔子说过,"邦有道,贫且贱焉,耻也。邦无道,富且贵焉,耻也",乱世之际,正是无道之极,此时累积大量财富,并不是一件值得庆幸的好事。沈家在乱世中完成财富积累,在元朝政府、不同的政权割据者之间谋求利润,的确要承担更多的风险。另外,不是每个人都能做到"富而好礼"的儒商境界,那就不妨把标准定的低一点,做一个"富而不骄"低调商人吧!沈万三和他的后人连这一层次都做不到,怎么可能打破"富不过三代"的魔咒?靠特权获得的利益,靠利益维持的关系,从来就没有长久过。历史总是这样明明白白地告诉大家这个结局，只可惜的是，人们往往更喜欢看到金玉满堂时的富贵荣华，却对莫之能守后的悲惨凄凉并不太在意。

这的确是件挺遗憾的事情。

## "晋商"乔致庸

山西自古出商人,但是真正使"晋商"这两个字享誉中国商业史的,还是明清时期的山西商人。明代的晋商和清代的晋商之间虽然没有什么血缘关系,但他们拥有着共同的山西经商传统:吃苦能干、勤俭持家,最重要的是讲信誉、"赔得起"。在晋商群体中,祁县乔致庸是其中的佼佼者,他的人生经历颇具传奇色彩。据粗略估算,乔致庸事业鼎盛时期,仅流动资产就在白银700万到1000万两之间,竟然超过了大清朝廷一年的收入。单纯从经济实力来看,乔家还算不上是晋商中最富有的,比他们家更阔绰的晋商大有人在。但乔家经营种类繁多,既有粮油茶叶等日用百货,也有金融借贷这样的高端业务,在全国各大商埠开设店铺的总数超过二百家,仅大德通、大德恒两家票号就有四十多家分号,聊聊乔家,几乎是在聊整个晚清商业发展史。更重要的是,乔家五代经商,前后绵延近二百年,这不仅在晋商群体中,即使放眼全国其他地区的商人家族,也属于比较少见的。晚清的晋商名家、富豪虽然多如繁星,但乔致庸绝对是个更有故事的人。

# 三代创业

乔致庸,字仲登,山西祁县人,乳名叫亮儿,后来人们也称呼他"亮财主"。二十世纪中期,"财主"这个名号在中国几乎成了坏人的标签,至少在我这一代人的心目中,一想起"财主",脑海中马上会浮现出一张丑恶的、人见人厌的坏蛋嘴脸。这是由于特殊的政治环境造成的,其实晋商乔致庸被称为"财主",在当时并无贬低之意,而在"财主"前冠以乳名,则多少透着几分乡党亲近感。在前面的章节里说起过,中国儒家思想在秦汉之后成为社会主流思想,儒家虽然痛恨"为富不仁",但是并不讨厌财富。孔子就曾声称,"富贵如可求,虽执鞭之士吾亦为之",只不过追求富贵需要特殊的才能,他老人家认为自己不是这块料,这才感叹"富贵于我如浮云"。

乔致庸的一生正是中国近代痛苦转型的时期。说他是古代商人吧,掐着时间算算,其实并不合适;但要是说他是现代商人呢,毕竟和近代上海兴起的一批大商人相比还有一些距离——乔致庸就这样站在新旧两个世界的大门口。乔致庸生于清仁宗嘉庆二十三年,公历是 1818 年。"1818"是一个颇受当今成功人士宠爱的数字,他们愿意为有这样号码的车牌、电话一掷万金。清朝嘉庆年间并不使用公历，因此这个数字对乔致庸来说并没有什么特别意义，虽然他长大后的确进入中国富豪榜前十名。乔致庸为人颇具豪气，其孙女婿民国文化名人常赞春1903年拜见他，彼时已经85岁高龄的乔致庸"霜髯如戟，饮啖甚豪。酒酣，扬声议论，益见坦白"。乔致庸活到89岁，这年龄即使放到现在，也远远超出中国男人的平均寿命，可以称得上是高寿。他去世的时候是1907年，虽然大清王朝风雨飘摇、朝不保夕，但他乔家的事业却正处在巅峰时期；再下去几年，从满清政府倒台一直到新中国成立，这几十年成了中国历史上少有的乱世期，内乱、外寇，几乎无日无之——这一切乔致庸已经眼不见心不烦了。

乔致庸出生时，乔家虽然还算不上大富大贵之家，但也属于有钱人行列，说乔致庸是含着金钥匙出生的富二代，并不夸张。通常每一个幸福的富二代，总是有一个在困境中摸爬滚打、百折不挠的爹可以拼一拼，而乔家的发家史可以上溯到乔致庸的爷爷乔贵发。这位发哥自小父母双亡，不得以投奔到舅舅家，过着寄人篱下的生活。发哥的命运有点像《红楼梦》里的林黛玉，只不过林黛玉更惨，她身为弱女子，父亲留下的家产又被贾家侵吞，她无法离开贾家独自讨生活，失去了与宝玉联姻的机会，她的人生几乎不再有什么阳光了。乔贵发虽然在人屋檐下不得不低头，但他毕竟是堂堂男儿身，可以自立门户、白手起家。据说乔贵发小时候就遭到舅母的嫌弃，成年后回到老家祁县乔家堡，打算靠种地好好过日子。明清以来，由于特殊的地缘政治原因，山西开始在商业上崛起，和当时的陕西人一起，号称"西商"，全国各地修建了不少"山陕会馆"，就是专为"西商"服务的机构。由于国内的政治经济形势发生变化,陕西商人逐渐没落,山西商帮开始一枝独秀,"晋商"名号大行其道。山西祁县地少人多,又处在交通要冲,虽然历史上出过王维、温庭筠这样的大文豪,但这里的地理条件的确更适合出大商人。

乔贵发回到乔家堡,最初并没打算做生意,只是想守着几亩薄田过清贫平淡的日子。大概是童年寄人篱下有了心理阴影,乔贵发能吃得了苦,但受不了村里人的奚落嘲笑。由于资料缺乏,我们无法得知发哥到底受到了乡邻什么样的冷嘲热讽,但他的命运再次印证了一句话——"朋友只能使你温暖,敌人才能使你强大"。难以忍受乡人嘲笑欺侮的乔贵发选择了山西人最悲壮和传奇的人生路——走西口,到外地做生意创业。乔贵发背井离乡后的经历,几乎为大多数白手起家的晋商们所共同拥有——多年的风雨奔波,有起有落、有喜有忧。但无论处在什么样得境遇下,乔贵发都坚守一个"信"字,这也是他们乔家能最终成为晋商中之出类拔萃者的根本。乔贵发在包头做生意,有一次亏了本,按照行规他应该清产来偿还债务。由于乔贵发为人忠厚老实、在生意场上颇有口碑,股东们不忍心看着好人吃亏,于是大家商定把还款时间再推迟三年,给发哥一个翻身的机会。乔贵发果然没有辜负财东们的信任,三年后他不仅按期还清了贷款,而且还大有盈余。乔贵发咸鱼翻身,于是把原来的店铺名字改成"复盛公",从此在包头的生意越做越大,以至于民间有"先有复盛公,后有包头城"的说法。

乔家第二代当家人是乔贵发的三儿子乔全美,乔家生意在乔全美的手中又发展了一大步。乔全美有两个儿子,大儿子叫乔致广,跟随他学做生意,小儿子就是我们本章的主人公乔致庸。乔致庸虽然生在有钱人家,但是童年生活可能并不会太幸福——他很小就父母双亡,这种人生缺憾是无法弥补的。后来人们传说乔致庸命硬,虽然聪明绝顶,能成为富可敌国的大商人,但是他小时候克父母,成年克兄克妻,老来克子,总而言之他的家人跟着他大都要倒霉。这种八卦虽然听起来没什么道理,但乔致庸的确小时候父母双亡,成年后大哥去世,之后连续死了五任妻子,六个儿子竟然有五个先他而去——这么多偶然凑到一起,的确是件怪事,不可以常理推论。不过乔致庸虽然小时候父母双亡,但比起他祖父来幸运多了,不仅因为他们乔家此时家底殷实,小乔致庸用不着寄人篱下看人家脸色,更重要的是他大哥乔致广当家,对他是百般呵护。

长兄如父,大哥知道做生意的辛苦,不想让乔致庸将来继续在生意圈里打拼,于是从小培养乔致庸读书,希望他长大后能做一个文化人,考取功名为家族争光。当时读书可不是为了修身养性,目的非常明确——就是为了进入仕途,有一份锦绣前程。

## 弃儒从商

作为富家子弟的乔致庸,最初设定的人生目标不是万贯家财,而是奔着"学而优则仕"去的。民间有一种说法,认为明清时期的山西人眼里只有钱,看不起读书人。民间如此传说倒也罢了,酸秀才常常成为老百姓茶余饭后逗乐子的话题,这本没什么大惊小怪的,奇怪的是现在有些学者也认同这种观点。山西的确有"生子有才可经商,不羡七品空堂皇"这句民谚,似乎可以印证这一说法。不过我认为,中国几千年来形成的传统文化不可能在山西发生断流,山西人的确喜欢经商,他们这么做完全是人生道路的优化选择,并不能说明山西人内心深处已经瞧不上读书人。那句民谚即使真的存在过,也更像一句善意的嘲讽和调侃,不足以拿来当做思想史研究的证据。

乔致广让弟弟读书还是颇有眼光的,乔致庸的确是块读书的料——他年纪轻轻就中了秀才,成了一位名正言顺的儒生。可能有读者觉得中个把秀才没有什么了不起,又不是考中举人、进士。其实清朝普通的小县城,往往十里八乡的没几个秀才,读书人能中个秀才也是非常难得的。秀才在社会上很受人尊重,当今硕士、博士的地位绝对比不过当年的秀才。大家还记得《聊斋志异》的作者蒲松龄吗？他考来考去考了一辈子，一直考到孙子要和他一块上考场了，都没考中个秀才，胡子一大把，还是个"童生"身份。不过，考中秀才还只是站在仕途的门口，要想真正走下去，还要接受科举考试的层层选拔，越往后难度越大。如果运气好，终于有了做官的资格，也未必能过上富足的生活。在乔致庸生活的年代，县官俸禄大约是白银五十两，如果其他各种杂七杂八的补贴、奖金都算进去，一年或许能拿到百十两甚至几百两银子。而当时山西稍微有点根底的商人收入是多少呢？以乔家一个商号的掌柜来说（相当于连锁店店长），薪俸加分红，每年总要在一千两白银以上。一方面科举仕途投资大、周期长、效益又不可预期；另一方面山西又有着得天独厚的经商条件，因此从商成为山西人更加得心应手的选择。山西虽然自古人文荟萃，出过许多文化名人，但到了明清时期，经商成风，走仕途的人的确少了，文化名人也不多见了。不过这并不能反证山西人瞧不起读书人，他们只是选择更有利的生存方式。正像我选择教书这一行当，并不是看不起经商活动或商人，的确是比较下来，自己财商非常缺乏，如果冒冒失失做着发财梦去经商，搞不好要倾家荡产，所以还是老老实实当老师比较妥当。

　　乔致庸少年考中秀才，科场上还算得意，如果按照这个人生轨迹走下去，他极有可能步入仕途，如果真的那样的话，中国建筑史上就不会有什么乔家大院，我们茶余饭后也不会有乔致庸那么多爱恨情仇的传奇故事了。满清政府倒是多了一个循吏乔致庸，不过乔致庸再怎么努力，对行将就木的大清王朝也起不了任何作用。

就在乔致庸打算在科场大显身手之际,乔家商业的掌门人、乔致庸的大哥乔致广去世了。虽然此时乔家在包头的生意早已是风生水起,但是生意场上毕竟有风险,一着不慎满盘皆输,特别是对正处于事业上升期的乔家来说,更是如此。在这个节骨眼上,作为乔家的主心骨乔致广去世,如果没有合适的人接手乔家的生意,那么乔家三代人辛苦打造的商业帝国,很有可能在一夜之间土崩瓦解。

事关乔家产业的生死存亡,乔致庸就算是再喜欢读书,现实条件也不容许他置身度外了——他不得不弃儒从商,接过乔家当家人这副担子。

## 以"信"为本

　　山西人自古有经商的传统,但真正能形成中国第一大"商帮",还是明清以后的事情。清代中后期,山西出现了一大批财力雄厚、影响全国的富商巨贾,尤其随着"票号"这一金融机构的兴起,晋商更是成为当时中国商界和金融界最重要的群体。乔家就是在这种经济背景下实现财富迅速积累的。

　　商业竞争中,十年内拼的可能是眼光、智慧和技巧;但十年之后,拼的一定是境界、德行和文化。自清朝中期至新中国成立,乔家在商业舞台上活跃了近二百年的时间,他们靠的是什么?乔致庸固然有着绝高的智商和财商,但是未必敌得过数十年生意场上的千难万险。做生意当然是为了赚钱,不过如果把赚钱当做唯一目的而做生意,则永远达不到大商人的层次——即使偶有成功,也终究如浮云过目、梦了无痕。真正的大商人,其实并不局局于"商"字,他们更喜欢追问的是"道"。乔致庸的商业生涯中有三个关键字,那就是"信"、"义"、"利"。许多小商人最看重的"利",而乔致庸却把"信"字、"义"字摆在前面,但这并不说明乔致庸不重视盈利,正相反,他对"利"有着更高境界的认识。如果牺牲"信"、"义"

二字换取眼前的"利",那么这种"利"不过是过眼烟云。在真正的大商人眼里,做生意就好比守着一棵大树讨生活,"信"是大树的根本,"义"是大树的枝干,而"利"才是大树累累的果实。只有"信"和"义"都得到滋养和爱护了,这颗大树才能根深叶茂,这才有可能结出累累硕果,甚至才有可能福祉绵远、泽被子孙。我看了一些讨论乔家商训的文章,往往更强调乔家把"利"放在第三位,似乎"信"、"义"、"利"只是按重要程度来排序。这其实是一种误会,以腐儒之心意揣度大商之境,盲目拔高,徒增笑耳。其实对任何一家成功企业来说,"信"、"义"、"利"是同等重要的,之所以排序有先后,乔致庸更注重的是它们之间的因果关系。商人修养不到一定的境界,是无法参透这其中的秘密的。

对商业企业来说,"信"字是最重要的品质。某一次生意亏损了,以后可以慢慢地再赚回来,但是趁着眼下的行情好,把信誉当做赚钱的工具消费了、换成口袋中大把的钞票了,等到哪一天想再买回信誉来,那是绝对不可能的事情。前几年中国奶粉行业中的龙头企业"三鹿"公司,那就是个活生生的例子。这家公司上个世纪五十年代就创办了,公司事业鼎盛的时候,连续十几年销售量全国第一,仅仅"三鹿"这块商标就价值一百四五十亿人民币。当时三鹿公司所有的机器都开动,所有的奶牛都下奶,也跟不上市场销售的速度。钱来得太快,于是企业的某些败家子就开始打起了歪主意,利用"国家免检产品"的信誉,利用半个多世纪以来消费者对产品的认可,公然生产销售毒奶粉。东窗事发后,三鹿公司倒闭,企业老总被判刑,"免检"两个字儿也成了骗人的代名词,没有任何企业再好意思拿这俩字说事儿。当年三鹿公司破产拍卖时,"三鹿"商标早已臭名昭著、一文不值了,但居然有一家公司花了数百万元把它买回家,声称要搞有机粗粮开发。网络时代"关注度"是王道,真没想到也影响了实体产业。这家公司买回"三鹿"商标后低调运作了几年,最近媒体传出消息,新"三鹿"公司今年年初停产了,媒体猜测或许与原"三鹿"公司丑闻影响有关。其实对商品而言,信誉往往是一次性的,一旦失去了,想再找回来是很困难的。

其实"三鹿"事件也不是不可以避免,如果当时企业决策者看电视剧《乔家大院》时,不是只关注里面的感情八卦、勾心斗角,而是多学习一下乔致庸的大商人风范,估计不会让事情变得如此不可收拾。乔致庸当家时,也出了一次"食品安全"大丑闻,如果应对失策,搞不好也是一场"三鹿"事件。当时人们喜欢吃一种用胡麻榨取的油料,胡麻性喜高寒,多生长在西北高寒干旱地区,西北地区不少商号都经营胡麻油生意。乔家最初就是搞粮油贸易起家,胡麻油生意也是他们的大宗生意。乔家商号在包头已经经营了三代,产品信誉是有保障的,在消费者心目中,乔家的胡麻油也属于"免检"产品。但是在这期间发生了一件令人遗憾的事情,复生油坊的伙计为了多赚钱,竟然往胡麻油里掺假。晚清没有多么高明的化学分析手段,胡麻油中掺入其他成分并不容易被发现,不少经销食用油的商号也都暗地里这么做,从来没有人去自曝家丑。不过有朝一日这种事情一旦东窗事发,对商号信誉的影响也是致命的。乔致庸得知复生油坊伙计的所作所为后,并没有像其他商号那样昧着良心赚钱、"闷声大发财",而是立即着手彻查,不计成本召回全部掺了假的胡麻油,宁肯自己亏本,也绝不让一滴假油流向市场,砸了他们乔家的招牌。自家油坊出了这种丑闻,乔致庸并没有护短,而是第一时间自我曝光、承担损失,他光明磊落的行为留住了消费者的信任,油坊不仅没有倒闭,生意反而更加兴旺。反观"三鹿奶粉事件",三聚氰胺问题暴露出来以后,如果三鹿公司的当家人能当机立断,像乔致庸那样不计成本地召回问题产品,开诚布公、积极善后,而不是迷信什么混蛋"危机公关",对自家"免检产品"的问题遮遮掩掩、欲说还休,公司未必会搞到无法收拾的局面。面对利益的诱惑时,的确只有少数真正有智慧的大商人才能坚守自己的底线。等到乔致庸终成一代巨商的时候,再回过头去看看当年那些弄虚作假的店铺,还有几家能站在市场上傲视群雄?

也许有人觉得事情不会那么严重,伙计只不过在胡麻油里掺了一点点假,不至于就会让一家大企业倒闭。"人心不足蛇吞象",这句话用在商业活动上非常贴切。贪欲就像一个地狱的使者,一旦诚信之锁被打开,哪怕只打一道细细的门缝,贪欲的释放便永无止境,这可能正是人性的弱点吧。要想人不知,除非己莫为,从长远的历史时段望过去,做违背商业道德的事情,即使隐瞒了一时,也绝对瞒不上一世;即便瞒了一世,真相也终究有大白的那一天。正如一个赌徒把命运交给运气,就算他一生的大部分时间都在赢,但只要输一次,一切都将归零。商号也是如此,如果靠掺假获取利润,也许能瞒得了好多年,但只要东窗事发一次,市场就再也不会给你机会了。企业为失信买单是早早晚晚的事情,字号越老,名气越大,成本越高——这大概是乔致庸留给商业史最有价值的东西吧。

"信"是乔家商业走向成功最重要的因素,也是乔家坚守的商训。乔致庸的祖父当年就是靠着"信"字在包头打下一片天下。乔致庸的孙子乔映霞秉承家训,执掌乔家生意后,也是处处以"信"字为本。1930年,独占山西的阎锡山和冯玉祥等人联合发动反对蒋介石的战争,中原大战爆发。当时山西发行的钞票是"晋钞",中原大战以蒋介石的胜利告终,阎锡山兵败下野、出走天津,山西地方钞票晋钞迅速贬值,和新发行的新币比起来简直是一文不值。乔家"大德通"票号吸纳的储户大多是山西本地人,他们当时存进来的也都是阎锡山当政时发行的晋钞。如果储户此时前来提款,"大德通"票号还是按晋钞支付,并不违反当时的业内规则,自己还会借机发一笔横财。但是祖祖辈辈讲诚信的乔家人没么做,乔映霞动用几乎所有资金,用新币支付给前来取款的储户。乔家的客户们并没有因为城头变幻大王旗而吃亏,但乔家却一下子亏空数万两白银。

乔家的票号"大德通"宁可倒闭也不放弃诚信,这才是真正大商人的胸怀。

# 大商人的境界

"信"其实只是对商人最基本的要求,要想成为一个真正的大商人,仅仅靠讲信誉是远远不够的,还要看他对社会有没有担当,对国家尽没尽到大商人的那份责任。

经商是一种求利行为,而行义往往要在损失自身部分利益的前提下才能实现,"义"和"利"似乎从来就是一对矛盾。秦汉以后,中国的商人即使拥有巨大的财富,也总是很难获得社会主流文化认同,很少能有人在史书上留下更多痕迹。历史上但凡能被称为"大商人"的,几乎都有着为主流文化所称道的"义行"。对一个商人来说,不卖假冒伪劣商品是底线,而多行仁义之事才是境界。乔致庸成为晚清著名大商人,并不仅仅因为他拥有巨大资产,更重要的是他多有"义行",受到当时官方和普通民众的称许。乔家的商号毕竟不是慈善机构,如果为了"行义"而做违背市场规律的事情,连生存下去都有困难,行义更是无从谈起。获得社会认可的大商人会在"义"与"利"之间找到一个合适的平衡点,既不让求利之欲蒙昧了行义之心,也不让自己的"义行"拖了企业的后腿。乔家是靠经营粮食起家的,他们讲究老字号的信誉,粮食的质量是有保障的。不仅如此,据说他们乔家在卖粮的时候所使用的秤和别人家不同,他们家称出去的粮食不仅不缺斤少两,反而会比正常的分量多出不少来。每到接近年关之时,乔致庸还会让自己店铺的伙计采用"以好充次"的方法,把上等米面掺入价格低廉的普通米面中,按普通米面的价格出卖。这种价格低廉的普通米面,消费群体大都是那些贫穷的老百姓,他们平日里买不起上等米面,乔致庸特意用这种方式在年终回馈这些老顾客,让他们也能分享到乔家商业红火所带来的好处,过上一个舒心温暖的年。这些看起来都不是什么惊天动地的大事,但恰恰是这些小小的"义行",让乔家在消费者心目中树立起自己的金字招牌,这种无形资产是千金不换的。

乔家资金雄厚,除经营粮油等传统项目外,也经常涉足一些金融借贷业务。但是金融借贷往往有很大的风险,总会出现有人因亏本还不上贷款的情况。民间处理这种问题的方法很简单明确,即借贷人破产清资,用自己抵押的产业抵债。作为借贷方虽然无法收回自己放出的贷款,但是却可以趁机以较低的价格收购借债人的产业,不少从事借贷业务的商人就是靠这种方法发了横财。这种做法虽然看起来有趁火打劫之嫌,但却是民间借贷行业公认的游戏规则,没有人觉得这是不对的,就算双方闹上公堂,胜诉的也往往是放贷的一方。乔家从事借贷业务,当然也遇到过借款人还不上贷款的事情,但乔致庸从来不逼迫对方变卖家产还债。如果对方真的是做生意亏了本,则贷款能还多少是多少,乔致庸从不强求,更不会因为债务问题去对簿公堂。乔致庸的爷爷最初就是靠债主的信任与宽容才在包头立稳脚跟,如果当年乔家也被逼着破产偿债,那恐怕就没有日后偌大的乔家产业了。

"滴水之恩,当涌泉相报",这是人生的第一重境界,比那些知恩不报甚至恩将仇报的人好多了,但这还远远不够。对一个大商人来说,更高的境界是把这种"滴水之恩"广施于社会,让更多的人也分享到这股"涌泉"所带来的润泽。乔致庸牢记祖训,生意上讲究一个"义"字,从不落井下石、趁火打劫,处处给别人以生存和发展的机会。如果情况刚好相反,乔家因为资金周转临时借贷了别人的钱,就算是生意亏了本,乔致庸也从不拖欠,他会想法设法先保证还上贷款,不让借贷方受到任何损失。对自己以"信"要求,对别人则"义"字当先,这就是乔致庸的经商之道。儒家讲究"己欲立而立人,己欲达而达人",对一个大商人来说,自己想在市场中生存,也会给同行以生存机会;自己想获得更多的利润,也会让同行获得更多的利润。这看起来是不合算的生意,但乔家正是靠着这样的经商之道,不仅在同行和消费者中树立了"厚道"的口碑,而且也得到更好的回报。

中国古代文学作品,往往缺少商人的正面形象,"为富不仁"几乎成了富商的标签,这里面透露着一种深刻的文化偏见。不过现实生活中,很多人却往往一面在情感上鄙视着商人,一面却羡慕着商人的财富。其实商人自古就有着崇高的爱国情怀,商人为国家出钱出力是一种优良传统,弦高以私产犒秦师,子贡以辩才救鲁国,这都是商人大义的楷模。在国难当头时不计私利、勇于担当,正是大商人的本色。1900年八国联军攻陷北京,慈禧太后逃到山西,匆忙之中阮囊羞涩,不得以委托山西官员召集当地富商"借钱"。当时大清王朝风雨飘摇、朝不保夕,面对官府的借款请求,当时各票号都无所回应,唯有乔家同意借给朝廷30万两白银。左宗棠大军缺少军费,乔致庸也是慷慨出资赞助,为此左宗棠亲自登门拜谢。李鸿章筹建北洋水师,想动员山西商人捐款,在其他商号沉默观望之时,又是乔家率先出资10万两白银。虽然伴随着甲午中日海战的硝烟散尽,北洋水师也彻底覆灭,但这并非是一个商人所能把握的时代悲剧,而大商人在国家危亡之际勇于担当的精神,却是值得后人钦佩的。

  有人喜欢从官商勾结的角度看待乔致庸的捐资行为,这种观点虽情有可原,但不免小人之心。乔家对朝廷有担当,对社会有付出,的确也获得了清廷的回报,我认为那只是商人"义行"结出的利益之果,虽然未必正当,但亦不能据此否定乔致庸当初的义行。评价历史人物当循名责实,不做诛心之论。在国家危亡之时,最需要像乔致庸那样能与国休戚的大商人情怀。

## 传家之道

坚守诚信，义在利先，是成就大商人的必要条件，但并不是说人们有了这两条，就可以确保自己成为乔致庸那样的富商大贾。我们说经商就像一棵大树，但就算是每一棵树以信为根本、以义为枝干，开出的花朵、结下的果实也未必都相同。乔家这颗大树开的是商业之花、利润之果，当然也少不了乔致庸独特的商业智慧。他开辟从福建到俄罗斯的丝茶贸易新路线，创办了能为中小商人进行汇兑服务的票号，把一件件在当时人们眼中看似不可能的事情变成了现实，在千变万化的市场中总是能抢得先机，这当然与他的经商天分有关。不过，这些所谓的商业智慧，其实并没有现在看起来那么重要，它们大多属于技术层面的问题，时过境迁，有不少东西是不可复制、不可再现的。研究乔致庸这样的大商人，更重要的是关注他经商过程中的那些核心商道观念。俗话说创业难，守成更难，在本章最后想和读者探讨一下乔致庸的修身之法和传家之道。

乔致庸虽生于富商之家，但家风凛然。他是儒生出身，一生坚守修齐治平的儒家原则，"起居之恒，读书之挚，数十年如一日"。

即使四个儿子相继去世,他也依然督促诸孙读书不辍,并不因诸孙居丧而稍有宽假。民间流传着乔致庸的家规,主要包括这么六条:一不准纳妾;二不准虐仆;三不准嫖妓;四不准吸毒;五不准赌博;六不准酗酒。乔致庸要求子孙必须严格遵守这六条家规,无论是谁都不得违反,当然他本人更是以身作则,从不违反其中任何一条。古代有钱有势的人大都喜欢三妻四妾,妻妾成群表面风光,但家庭关系却变得十分复杂,嫡庶之间明争暗斗、尔虞我诈,再大的家族也很容易因此从内部鱼烂。家族缺乏凝聚力,对家族企业来说是致命的弱点,乔致庸正是看到了这一层,才立下乔家子孙不得纳妾的家规。乔致庸虽然有过六个妻子,但每一次都是在妻子亡故之后续弦,从来没有娶过一房姨太太。电影《大红灯笼高高挂》借用了乔家大院,演绎了一个山西商人家庭的故事,片中未露正面形象的男主人有多房姨太太,每晚靠挂大红灯笼选择和谁住在一起。不过历史上住在乔家大院的乔致庸和他的家人,是绝不可能有大红灯笼高高挂这样的事情发生的。这一条家规看似简单,但对普遍讲究奢侈排场、酷爱声色犬马的有钱人来说,其实是最难做到的。

　　乔致庸家规的其他五条关乎酒色财气,几乎都击中富二代们的通病。历史上的富商家族多半是毁在败家的二代手中,而让富二代堕落的,无外乎就是吃喝嫖赌这几条。鸦片在晚清开始横行于中国,就算是家里有座金山银山,也经不起鸦片这种东西的消耗。乔致庸敏锐地意识到鸦片的危害,严禁家族成员吸食。"不准虐仆"可理解成对员工的人性化管理,尊重那些为家族事业做出贡献的人，这也是一代大商人应有的风度。即使乔家的财富已经达到惊人的水平，但乔致庸还是教育儿孙要勤俭持家，不要只顾得贪图安逸、坐享祖业，这一点尤其值得我们当今的商人们学习。现在社会上不少"先富起来"的一批人，都有着摸爬滚打、艰苦奋斗的往昔，他们人生追求的一大目标就是为了让家人过上好日子。等他们一旦生意成功有了些资产，即使还没有达到"富商"的层次，就已经迫不及待地让子女享受自己打拼的成果，自己也从不断满足子女的欲望中得到莫大的快乐。曾几何时，"富二代"成了一个贬义词，几乎等同于"败家子"。当然，这还不是最大的问题，就算富二代个个都是败家子，他们所演绎的无非是自己的家庭悲剧，社会上从来就不缺乏这样的故事，即使没有富二代来凑趣，也会上演其他更让人啼笑皆非的戏码。令人感到可悲的是，一旦从社会思想层面上，"高富帅"和"白富美"成了人们的普遍追求，那才是核心价值观的崩塌。价值观一旦崩塌，再要想重建往昔的美好，恐怕不是一件很容易的事情。

  乔致庸不希望自己的子孙做那种不懂事的富二代，他亲拟了一副楹联，让人刻好挂在内宅门上："求名求利莫求人，须求己；惜农惜食非惜财，缘惜福。"上联说的是万事要靠自己努力，不能依赖别人。乔致庸提到"求名求利"，这里有两层意思，第一层意思是，做生意就是要求利，乔家不是慈善机构；我们的钱来得光明正大，捐也要捐得光明磊落，就算是求了名，这也没什么不好，但是我们要靠自己的能力，不是什么丢人的事儿。从这句对联中看得出乔致庸是一个不装的人，"求名求利"，直抒胸臆。我们经常说，"装"

是一种境界,"不装"是一种本能。其实有时候"不装"也是一种"装",只不过装得更高雅,更让人欣赏——这种"不装"可以多一些。这句话的第二层意思,回归到儒家的传统教义上,名啊、利啊和仁义礼智信比起来,都是次一级的,甚至有点不足道哉,但即使作为商人不得不去追求这些东西,也不去依靠别人获得好处,特别是不能去傍贪官、傍"老虎"。这两层意思都契合乔致庸的思想,不过我更欣赏第二层意思。楹联的下联也大有深意,如果说上联透露出儒家的思想,则下联表现出佛家的追求。"惜农惜食非惜财,缘惜福","福"是什么?就是历史流程中的当下生活,它不是自己一个人所能铸造的,总有些前因后果,总有家族先辈们的汗水。家庭如此,一个社会何尝不是如此?前几年社会上流行"光盘"行动,我特别赞赏。我们勤俭节约真不是因为花不起那个钱,而是培养一种敬重前辈付出、珍惜当下美好的精神。从来就是"成由勤俭败由奢",千里之堤毁于蚁穴,拒绝小小的浪费,正是对家族、对社会最大的尽责。乔致庸的这副楹联虽然读起来似乎很粗浅,远没有文学家那种广征博引、深入浅出,但却实实在在切中商人家庭最重要的问题。

中国明清时期两大商帮是晋商和徽商,人们通常认为二者之间最大的不同是对家族子弟的教育。晋商重视家族生意,聪明的孩子总是要打发去经商;而徽商则重视教育,最优秀的孩子总是苦心栽培,希望他将来走上仕途,而且把这种栽培当做特殊的投资。单从明清安徽和山西两地的科举比例,也似乎能印证这一点。比如清代科举中共有状元 114 人,其中安徽位居江浙后列第三,有状元9人，而山西有清一代科举中却无一状元。晋商的确缺少科举人才，上文已经分析过，造成这种状况并非山西人不重视文化，他们只不过选择了更为优化的生存策略。这里笔者还想再强调的一点是，即使山西人缺少科举人才，也不能说明他们忽视教育，科举八股文写作训练远远不能代表教育的全部。晋商们有自己独特的教育方式，他们不以科举考试为教育目标，而更重视实务，乔致庸就是典型案例。如果不是家中突遭变故，已经中了秀才的乔致庸可能在科举之路上走得更远。他自己没有机会继续读书，但是特别重视子女的教育。乔致庸建立了私塾，聘请家族中的长者或当地饱学之士担任教师，据说薪水竟然是当地公办学校教师的两倍以上。

乔家教师的薪资优厚只是一个方面，更重要的是乔家上上下下都十分尊敬老师。虽然私塾老师和乔家其他雇员一样，都是拿乔家薪水的，但老师绝对享受着和一般人不同的待遇，说起来特别让我等教书匠羡慕。乔家每位老师都配有两位书僮跑前跑后地伺候着，别说端茶倒水了，就连擦黑板的活、打阳伞的活，都根本用不着老师自己动手。老师用餐的时候不是在仆人的专用餐厅，而是在乔家人吃饭的餐厅，并且每次总要有一个主人坐在下手陪同；乔家宴请客人时，必定要把老师一道请过来，而且依然让老师坐在上座。老师上课时，乔家都要专门准备质量上乘的各色糖果、点心，给老师送来；中秋佳节，乔家各房送给老师的各式月饼据说多达一百多斤。如果老师有什么事情要回家，乔家都有专车接送，更令人钦佩的是，家中的主人都要一起把老师送到大门口，一直等老师上了车才能回去。山西冬天苦寒,乔致庸还特意给私塾修建了暖阁,暖阁的地下有专人烧火供暖,这样老师和学生都能在温暖的环境中教书和学习。可以想象,当时在乔家当一名私塾老师,该是一件多么幸福的事情。

  乔致庸尊师重教的做法也影响了他的后人。乔家第五代当家人乔映霞更加注重子弟教育,不仅斥资扩大了家塾,而且还大胆尝试教育改革,在私塾中开设了数理化课程,甚至还聘请外籍人士前来教英语。不仅如此,乔映霞还扩大家属招生范围,让那些嫁到乔家的新媳妇们,也来私塾念书,真可谓得风气之先,哪里有一丁点儿的"土财主"气?

# 故事中的历史

　　本章是这本小册子中最难写的一章,每次拿出初稿来,总有一种话没说透、郁积于胸的感觉。关于晋商,的确还有好多可以探讨的问题,比如家族企业如何能活得更长久?怎样处理官商之间的利益纠葛?风流总被风吹雨打去,晋商即使有再好的经商手段,他们的成功也是不可复制的。乔致庸所代表的晋商在历史上消亡,当然有时代变迁的外部压力,但晋商文化内部原因也值得我们深思。一棵大树,只要它的根还在、枝干还在,就总会有硕果累累的那一天。只不过乔家这课大树终究是轰然倒塌了,在剧烈的社会动荡中,它是没有办法把握自己命运的,即使它什么都没做错。上个世纪五十年代,乔家彻底退出中国商业舞台,打那以后几乎再也没有什么人关注乔致庸。他的墓碑被人推倒另作他用,碑文几近湮灭;书写着乔家辉煌的乔家大院也命运多舛,被不断地变换用途和身份。乔致庸的故事渐渐沉入历史的深处,甚至散布全国各地的乔家后人,也未必都能准确说出这位老祖宗的名字。上世纪九十年代初,《大红灯笼高高挂》电影走红,影片的主要取景地祁县乔家大院走进公众视野。不过乔致庸真正火起来,还是借助于电视连续剧《乔家大院》的热播。

已湮灭在历史中的商界风云人物，凭借影视作品的热播重新获得人们的关注，说起来也算是一件幸事。活在故事中的历史才更有意义，无论荧屏上的乔致庸是不是历史上的乔致庸，我们都对此乐见其成。

"官商"胡雪岩

在中国商业史上,胡雪岩大概是争议最多的商人了。这部小册子所选的八个中国商人中,胡雪岩也算得上最特别的一个。第一,虽然此公在官场、商场左右逢源,成为晚清屈指可数的大商人,但人家的的确确是靠自己白手起家,他的发家史本身就是一部传奇。范蠡经商时,是抛弃了高官的位子而下海,手中多少还有点启动资金,身边还有合作团队;子贡本来就出身于经商之家,后来投身到孔子的门下,有为列国排忧解难的机会,也为商贸事业的发展积累了不少人缘;吕不韦敢于一掷千金投资落魄王子,没有经商家族的支持,恐怕也难以做到;卜式算是最低调的,他创业时手中有一百头羊,这笔财富在当时也不是小数目;就算是靠一双鞋子起家的窦乂,其实也拥有自己独特的资源,京城里的免费林地可不是每个人都能借到的。至于沈万三、乔致庸,细算起来,都属于富二代创业,有家族商业背景。只有胡雪岩完全是一介草民成功逆袭,打造了庞大的商业帝国。他的发家历程更具有平民特色。第二,胡雪岩是地地道道的"官商"。这里并不是特指他官商勾结、牟取暴利,而是指他本人的身份就是清政府官员和商人身份二合一——头顶大清王朝的二品顶戴,身穿慈禧太后恩赐的黄马褂,而且享有骑着马过紫禁城的特权——这要是搁到现在,是直接可以开着小车进故宫博物院的,当然更用不着买票。第三,胡雪岩非常忠实地演示了什么叫真正的"富贵于我如浮云",庞大的胡氏商业帝国顷刻间烟消云散。细数前面这些因官商瓜葛而倒霉的大商人,吕不韦虽然倒台,但吕家还谈不上破产;沈万三家族虽然屡遭打击,但其败落过程也持续了好多年。只有胡雪岩的财富瞬间土崩瓦解,到最后朝廷派人去抄家产了,结果什么也抄不成——偌大的胡家早就空空如也、不名分文,对他来说,财富啊、名利啊,不是浮云又是什么呢?

## 胡雪岩的"投资"

胡雪岩是个传奇人物,清末民初不少文学作品有他的身影,前几年国内接连拍了好几部关于胡雪岩的电视剧,据说收视率非常高。但影视作品也好,野史小说也好,往往更重视有故事有传奇有八卦,本部《红尘匹马长安道:中国商人往事》其实更关注喧嚣浮华背后的历史实相。一代红顶商人胡雪岩风光的人生浮沉,有哪些值得人们深思的东西呢?

我们还是先从胡雪岩的发家史开始讲吧。胡雪岩(1823—1885),本名叫胡光墉,雪岩是他的字。在满清政府文件、往来书信中,往往都是提"胡光墉"这个名字,很少说"胡雪岩"。胡雪岩到底是哪里的人士,前些年还是一个非常有争议的学术话题,有人主张他是安徽绩溪人,有人则认定他是浙江杭州人。如果前者成立,则胡雪岩属于著名的徽商群体;而后者为真的话,那么胡雪岩就成了浙商的优秀代表。双方都有证据,争论来争论去终究没有了局。我当然无意断此糊涂账,但是无论把他划入徽商还是浙商,我们可以确定的是,胡雪岩祖籍的确是安徽绩溪,这可是一个徽商辈出的地方。因此说他是安徽人,说他的老根儿在安徽,这是没有什么问题的。但是胡雪岩早年入浙,白手起家也确实并没沾到徽商群体什么光,他主要发迹地和胡氏商业帝国开枝散叶处,都是在江浙一带,其中杭州更是胡雪岩的大本营,他本人的确也以杭州人自居。把这点事实搞清楚了,就用不到搬出《辞海》在"籍贯"、"户籍"等词汇上抠字眼儿了,更不用搬出所谓"国际惯例"唬人了,胡雪岩在地底下听到了,也会烦得不得了。

胡雪岩出身贫苦之家,十几岁上被送到钱庄当学徒。有些研究者认为这段学徒生涯对胡雪岩性格塑造至关重要。因为他做的是金融服务业,总要学会迎来送往八面玲珑。这种说法似是而非,当时钱庄不在少数,到钱庄里当学徒更是穷人家孩子不错的出路,但是晚清这些钱庄学徒里出了几个胡雪岩?我们在谈成功的时候,特别喜欢强调百分之九十九的汗水加百分之一的机遇,其实,大部分梦想成功的人都会死在汗水中,只有一小部分人能熬到那百分之一的机遇。对胡雪岩来说,就算他再八面玲珑人见人爱,就算他年年被评为钱庄优秀员工,如果没有那百分之一的机遇,他将什么也不是,中国商业史上多半不会有胡雪岩这一号人。那他的百分之一是什么?其实是一个对胡雪岩来说很特别的人,他叫王有龄。

关于胡雪岩与王有龄的关系,最早可能出自清代文人陈代卿《慎节斋文存》里的记录。根据书中记载,王有龄是个后台并不太硬的官二代,他本人虽然也是个小官,但他并不是通过科举考试进入仕途,而是通过"捐"的方式得到。所谓"捐",其实是一种自欺欺人的说法,说白了就是花钱向政府买官。中国古代长期存在买卖官爵的制度，在当时虽然也招人恨，但的确并不是什么见不得人的事儿。不过官爵这东西属于朝廷的专卖品，都是明码标价的，卖了钱也都归政府，别人不能染指，说起来还算是买卖公平。越是到了朝廷困难时期，比如外敌入侵了、洪涝灾害了，卖官鬻爵的事情就会多起来。那些通过卖官鬻爵得来的款项，往往还能帮朝廷解决点燃眉之急。虽然历朝历代都有有识之士批评这种混蛋制度，但卖官鬻爵施行已久，早已积重难返，再加上中国古代官本位思想比较有市场，买卖官爵市场前景好，来钱也快，对朝廷来说几乎是无本万利，所以根本禁止不了。到了清朝晚期，政治腐败、财政匮乏，买卖官爵更是成了热门生意。那王有龄就买了一个"候补浙江盐大使"的官。为什么要"候补"呢？那是因为毕竟想当官的人多，官位子却是有限的，于是就出现一个官位有好几个人都交了钱了，那大家总有个先来后到，等着现任官员做满一任，再依次递补。于是越热门的位子，候补的人越多。这个时候如果候补人有钱有门路，可以去活动一下，争取早日转正。没钱没门路的呢，只好在那里干耗着，扶正的机会是非常渺茫的。清朝的鱼烂过程早就开始了，买卖官爵只是其中一个小痘痘而已。总之王有龄顶着"候补"的官名，手中却没有任何实权，又穷得叮当响，这样的人在晚清官场上的确看不出有什么前途。即使是"候补"，过一定的期限也要到京城述职，向有关部门汇报一下思想、绩效什么的，这叫做进京"投供"。这种"投供"对那些赚得盆满钵满的地方官员来说，简直就是进京跑官走门路的大好时机。这一年又到了进京"投供"的时间，但王有龄连从杭州到北京的路费都凑不齐，更不用说进京花钱买官了,他所能做的不过是在茶馆里发发牢骚——世界这么大,哪也去不了。

  大概就是在这一时期,王有龄遇到了胡雪岩。胡雪岩当时已经从钱庄里满师出徒了,掌柜的看他精明能干,就把他留在钱庄里当一名"跑街"——字面意思是满大街跑,其实就是业务员的专称。按照清人的记载,正跑着街的胡雪岩看到王有龄虽然怀才不遇,但是胸有大志、干练有才,所缺的不过是一个发挥自己才干的舞台。于是胡雪岩和王有龄结拜为兄弟,决心资助王前往京城寻一份好前程。当时胡雪岩只是钱庄的一名业务员,每个月的薪水也不过是那么几两银子,这点钱想帮王有龄买官根本不可能。说来也赶巧了,胡雪岩手中恰好有一笔刚刚收上来的五百两银票,于是他自做主张把这笔钱借给了王有龄。五百两借款不是小数目,钱庄放贷也有自己的规矩,胡雪岩的做法显然是违规的,他因此失去了钱庄"跑街"的工作,在朋友的帮助下开了一家粮食店,从银行职员转成小商贩,勉强糊口度日。

## 王有龄的"回报"

我们就让胡雪岩继续沉浸在百分之九十九的汗水里,先来看看他那"百分之一"的是个什么状况吧!

王有龄得到了胡雪岩的仗义资助,北上进京谋求前程。其实他手中的这五百两银票想撂倒一个贪官,那也是根本不可能的事儿,巧就巧在他居然在京城与自己的发小、时任户部侍郎的何桂清搭上了线。何桂清虽然不能说是京城政坛炙手可热的人物,但是稍微帮一把沉沦下僚的小伙伴,还算不上什么难事儿。很快,前候补官员王有龄就得到了"浙江海运局坐办"的实缺,王有龄的命运从此与何桂清紧密联系在一起,成了何桂清团队的重要成员,仕途从此一路绿灯。当时正是太平天国起义军势力迅猛发展的时期,清政府为了对付起义军,建立了江南大营和江北大营两大军团。江南大营在太平军的打击下一败涂地,清政府只好更换江南大营的大帅,任命江南提督和春督办江南军务,重整江南大营。和春上台后,为了解决江南大营的军饷问题,加强了和地方官员的联系。当时清朝的军队不可能指望着朝廷出钱,大部分军饷费用还是要靠地方供应。何桂清在这种背景下获得朝廷重用,担任署理两江总督，每月为江南大营调拨军饷四、五十万两白银。虽然名义上何桂清是地方官员，不该干涉军队的事务，但是他毕竟掌握着江南大营的钱袋子，吃人家的嘴软，拿人家的手短，江南大营的官兵靠着何桂清发薪水，自然越来越和这位金主近乎起来，一来二去何桂清逐渐在江南大营各种事务上有了发言权。

何桂清在江南大营里的地位扶摇直上，成为事实上的大帅。其实这位何先生虽然靠金钱铺路，收买了江南大营的人心，但他本人根本不是什么经济人才，他当然也有自己的智囊团队。正是靠着这个智囊团队，他才有源源不断的银子供给那帮子烂泥扶不上墙的满清军队。谁有本事能充当何桂清背后的金主呢？此人正是何桂清的发小王有龄。王有龄自从搭上了何桂清这棵大树后平步青云，官位步步高升，等到何桂清事实上掌管江南大营时，王有龄已然做到浙江巡抚的位子。其实还没等到他做到省部级官员，就在他刚刚得到那个什么"浙江海运局坐办"实缺时，就开始回报自己的恩主胡雪岩了——他推荐胡雪岩到海运局做事，协助筹办解运漕粮。之前胡雪岩虽然也开始自己做生意，但都是小打小闹，没有什么起色，搭上了王有龄这颗大树后，他的事业才真正开始发展。他利用浙江海运局借支的二十万两白银，开办了"阜康银号"。"阜康银号"的成功运作，为胡雪岩事业的发展准备了充足的资金。后来王有龄出任湖州知府，胡雪岩也获得代理湖州公库的机会，他趁机在湖州开办丝行，利用湖州公库的公款扶助当地农民养蚕。当蚕茧成熟后，他再从蚕农手中收购，运往杭州、上海贩卖。蚕茧脱手后，再把变现的银两交还给浙江省"藩库"。整个过程表面上看与现在的订单农业有点类似,一个大企业预先从资金或生产资料上支持农户,让农户生产某种特定的产品,等到产品成熟,再以合同价前来收购。这种方法很时髦,很多农民喜欢这种生产方式。别说农民了,一些大学好像也挺热衷此事,傍上几个大企业,上赶着为他们开办所谓的"订单班",企业省去了不少员工培训费用,学生也获得好的就业机会,学校则更是名利双收。不过胡雪岩的做法和现代"订单农业"、"订单教育"还是有本质的不同,他利用了自己的官方靠山,通过占用政府资源,获得自己的利益——这就是典型的官商勾结,再完美的华袍,也掩盖不了它丑陋的本质。

　　胡雪岩和一般的官商勾结不同之处在于,他并没有止步于这种占公家便宜的生意,而是不断利用自己掌握的官方资源去开拓新的经营项目。比如他看到天下不太平,已有乱世征兆,于是说服当时的浙江巡抚黄宗汉入股开办药店,利用官方支持,使自己的药店成为各路运粮人员的指定供药商,而且逐渐将此业务扩大到军队。这样一来,在钱庄、生丝业务之外,胡雪岩的国药业务也风生水起,而且后来的事实也证明,恰恰这项业务是他经营最成功的——一百二三十年过去了,今天"胡庆余堂"依然是国药领域里的一块金字招牌。随着交际圈子的扩大,胡雪岩结交了避乱上海的苏州潘叔雅、关季重等一帮子富家公子,利用他们存入"阜康钱庄"的现银开办当铺,当铺生意也红红火火。胡雪岩最早以"阜康银号"起家,业务越做越大,钱庄业务后来成为胡雪岩的主业。

通过胡雪岩早期的发家史,我们不难看出,没有王有龄最初的扶持,胡雪岩的商业帝国是不可能建立起来的。他所谓的成功经验就是"官商勾结",利用官方特权发展自己的金融业务,进而染指军方的粮食、武器采办业务。虽然有些所谓专家研究胡雪岩怎样创造了官商完美结合的经营状态,但不讲是非、均属乱道。胡雪岩的发迹,对中国商业文化史产生的影响绝非正向,它恰恰见证了不成熟、不完善商品经济下可能出现的市场毒瘤。胡雪岩靠与官府人员密切合作赚取大量利润,这是专制统治下特有的商业现象,并不符合商业文明所具有的公平属性。建立在官商合作基础上的商业帝国,如果不迅速摆脱其令人痛恨的发家史,依然在后来发展中乐此不疲的话,则其失败是必然的。政府官僚如果堕落成一个趋利的群体,那么它即使与商人合作,这种合作关系也永远不会是稳固的。一个能用权力去换取自身利益的贪腐政府,你怎么指望着它拥有良好的素质来维系这种官商间的利益均衡呢?从这一点上看,胡雪岩尚不及吕不韦。吕不韦虽然采取"奇货可居"的投资方式,但他投资成功后扮演的是政治角色,他的身份发生改变了,他不再是商人了,他只是把经商手法运用到后宫政治中。而胡雪岩则不然,在经商行为中利用所谓的官方"人脉关系",追求商业利益的最大化,这其实是很危险的,只是当局者为利益、权势所迷,不到头撞南墙的那一刻,是不会明白这个道理。

王有龄的发迹,直接给胡雪岩带来了他期盼已久的"百分之一"机遇。胡雪岩本来就有做生意的天分,又成功搭上了王有龄这棵大树,自然是如鱼得水、左右逢源。他本人没有任何政治野心,他所关心的只是投资利益的最大化,而这也恰恰是满清官员最放心、最喜欢的商人类型。随着王有龄的官场崛起,胡雪岩也早就摆脱小商贩的身份,辗转腾挪、上下其手,终于成为江浙一带的巨商。

# 转换门庭

胡雪岩靠着王有龄的照应,生意越做越大,但是天有不测风云,没多长时间,王有龄摊上事儿了。

王有龄的上线何桂清辛苦支撑江南大营,但晚清军队早已鱼烂,内部一直矛盾重重。这种事情在衰世中是常见的,从没听说过哪个行将就木的朝廷会拥有一只强大的、听招呼的军队。江南大营与其他满清军事力量一起参与围攻太平军,各部队间缺乏合作,官兵再次被太平军击溃。太平军势如破竹,在江浙一带不断取得军事胜利。咸丰十一年,太平军第四次攻打杭州。留任浙江巡抚的王有龄组织军队抵抗太平军的进攻,并托胡雪岩到上海购买军火、粮食前来接济守城清军。杭州是胡雪岩的发迹之地,他的大部分身家都在杭州,而且他的命运与王有龄息息相关,因此他当然毫不怠慢,竭尽全力去跑这趟差事。等他采办好武器粮食准备再回杭州的时候,杭州已被太平军团团围住。据当时的湘军大将左宗棠奏稿:

杭城垂陷,胡光墉航海运粮,兼备子药,力图援应,舟至钱塘江,为重围所阻,心力俱瘁。至今言之,犹有遗憾。

胡雪岩的军用物资没办法运进杭州,他心急如焚,他钱庄商铺的总号在杭州、家人财产也都在杭州,左宗棠说他此时"心力俱瘁"一点儿也不夸张。但是凭一个商人的力量想阻挡住太平军的进攻,那是绝不可能的。此时杭州城内部的防务情况如何呢?王有龄因为平时为官还算得上勤勉,为清军征集军饷从来刻不容缓,为此他得罪了不少人,特别是与分管军事的团练大臣互相不顺眼,都给皇帝打报告,搞得内部并不太团结,将帅不和,杭州城的防务堪忧。那杭州城周边的清军有没有来驰援的呢?王有龄协助何桂清经营江南大营时,曾经得罪过湘军大帅曾国藩,现在杭州城危在旦夕,王有龄被逼无奈只得向曾国藩求救,但是曾国藩找借口拒绝派兵支援。至于那个在北京的大清朝廷,此时也是热锅上的蚂蚁干着急,只能盼望着王有龄自求多福、杭州城会有奇迹发生。内无粮草、外无援兵,1861年年底,杭州城被太平军攻破了。王有龄虽然说是胡雪岩背后的大树,官商勾结总有些利益相关,但此公毕竟是满清官员队伍中的一条汉子,杭州城破之时,王有龄在办公地点上吊,殉了那个不成器的大清王朝。王有龄空有才具,不幸生逢乱世,上头是那么个窝囊老板,身边有那么多混蛋同事,但是他到死也没背叛组织,他甚至赢得了当时主持攻打杭州的太平军忠王李秀成的尊重,后者在攻下杭州后礼葬了王有龄。

王有龄这一殉职,胡雪岩的靠山就塌了。杭州城破了,自己的一家老小生死未卜,财产更不用指望了。眼看着这么多年的努力打了水漂，胡雪岩此时内心一定非常沉痛，由俭入奢易，由奢入俭难，自古都是一理。胡雪岩当年还是钱庄一个小小业务员的时候，就能在众人之中认准王有龄，说明他的确在利用人际关系、建立社交网络方面，有自己独到的能力。江南大营完了，王有龄殉职了，如今放眼望去，在这个纷纭的乱世中，还有谁能做自己的新靠山、在生意上帮扶自己一把呢？自然是新任浙江巡抚左宗棠。太平军攻占杭州，原署理浙江巡抚王有龄自杀，曾国藩就顺理成章地举荐左宗棠出任浙江巡抚。左宗棠属于大器晚成型的官员，出任巡抚前履历比较简单，之前当教师，四十岁上开始当官，级别都不高，一直到五十岁了，才被任命为地方大员，之后才逐渐成为晚清重臣。

　　胡雪岩想搭左宗棠这座靠山，能成功吗？单从人物关系上看，左宗棠与曾国藩关系密切，胡雪岩是王有龄的人，而王有龄与曾国藩颇有抵牾。胡雪岩与左宗棠是两条路上的人，而教师出身、一贯以清正自居的左宗棠，起初看不上胡雪岩这种靠着官商勾结发财的商人。但是有时候利益真的会超越情谊和喜好，左宗棠很快发现胡雪岩的用处。"官商勾结"只是胡雪岩的盈利模式，胡雪岩本人的确非常干练，属于那种能做事、会做事、做成事的人。在乱世之中，这样的人才是非常受欢迎的，胡雪岩就是靠着自己的机智、干练，很快受到左宗棠的赏识，成为左宗棠身边重要的帮手。左宗棠在晚清历史上的真正崛起，是从结识了胡雪岩开始的。从这个角度上说，胡雪岩用大量金钱支撑了左宗棠的辉煌事业，或许并不夸张。

胡雪岩找左宗棠做自己的新主子,还是颇费了一番心机的。他帮助左宗棠组织"常捷军",从宁波方向进攻太平军,帮了左宗棠大忙。收复杭州后,胡雪岩出面办理各项善后事务,收敛掩埋无主尸骸,为杭州重建做了不少贡献。胡雪岩虽说此时已经花钱捐了候补官职身份,但那些都是虚的,他其实还算不上清政府体制内的人,做这些事情一方面出自乡谊,毕竟自己也算是杭州人;另一方面是向新任父母官左宗棠示好。对一个地方政府而言,太平时需要有人帮闲,战乱时,则更需要有人帮忙。胡雪岩属于很会"帮忙"的人,每一步都帮到左宗棠最需要的地方。胡雪岩的努力没有白费,左宗棠本来对王有龄、胡雪岩官商勾结的一套颇为反感,但现在自己成了地方大员了,看到胡雪岩的所作所为,逐渐改变了看法,感觉眼前这个胡大商人其实也不错,可以摒弃前嫌为自己所用。于是他在向朝廷汇的奏章中,好好夸奖了胡雪岩一番:

　　　　按察使衔福建补用道胡光墉,自臣入浙,委办诸务,悉臻妥协。杭州克复后,在籍筹办善后,极为得力。其急公好义,实心实力,迥非寻常办理赈抚劳绩可比。迨臣自浙而闽而粤,迭次委办军火、军糈,络绎转运,无不应期而至,克济军需。

　　满篇都是好话,特别值得注意的是"委办诸务,悉臻妥协",如果官员得到这八个字的评价,那比什么奖赏都值钱。受到左宗棠的赏识,胡雪岩的生意也打开了一片新天地——他被委任为浙江粮台总管，主持全省钱粮、军饷。这可是个实实在在的肥缺，全省的财政都从自家银行里进出，这样的优质客户上哪儿找去？即使王有龄主政浙江时期，胡雪岩也没捞到过这么大的好处，单单这一笔生意，就能让他的"阜康钱庄"赚得盆满钵满。

# "红顶商人"

胡雪岩傍上了左大帅,从此在商界无往而不利;左大帅有了胡雪岩的资金支持,仕途上也是一帆风顺。表面看起来二人是官商勾结、互相利用,但是实际情形并不是那么简单。

在胡雪岩方面,他的确利用了自己的官方资源,趁机发展金融业务和生丝、中药生意,并由此建立起庞大的胡氏商业帝国,他当然是这重官商关系中的得利者。但是自左宗棠角度而言,如果身边少了这位"胡财神",他为大清王朝建立的几大功业未必能那么顺顺当当的。普通意义上的官商勾结是奸商贪官沆瀣一气,侵占国家的利益,但左宗棠和胡雪岩之间的关系,显然与此不同。我们先来看看左宗棠是怎样依赖胡雪岩的支持的。在他众多功绩中,最重要一项是经营西北。当时西北地区颇不太平,前有捻军等起义,后有阿古柏入侵新疆,新疆有从中国版图分裂出去的危险。清政府命左宗棠前往陕甘镇压捻军等起义军,并收复新疆。左宗棠的大军浩浩荡荡奔向战场,替大清王朝解决西北大患。俗话说,兵马未动,粮草先行,前方打仗,少不了后方的武器和粮饷供应,清政府当然也是尽力支应,但是如果完全指望着清廷调拨、运输,还不够层层内耗的,这仗根本没法打。左宗棠在上海设立转运局,专门用来购运西洋军火,转运东南地区供应的粮饷。这个机构介于官商之间,必须得有一个可靠且有经商才干的人来主持。那么由谁来主理转运局的事务呢?当然就是他左宗棠一贯看重的大商人胡雪岩。左宗棠也是一代奇才,做事讲究用人不疑、疑人不用,既然委托胡雪岩了,那么就让他全盘负责,这就是所谓的"一以任之"。胡雪岩毕竟是大商人,不是那种利令智昏的贪官,他虽然不会做那赔本的生意,但他也知道"受人之托,忠人之事",获得左宗棠的特许掌管大军的后勤供应,他是尽心尽力,把上上下下打点得井井有条。左宗棠大军在西北不断奏凯,当然少不了这位"一以任之"的胡雪岩。

　　左宗棠委托的各项事务中,有一项是最重要的——借钱。打仗是最费钱的事情,几万大军发出去,每天都需要大量的粮饷。如果这项支出有了问题,军心势必不稳,别说打胜仗了,搞不好还会引起内乱。那么谁来付这笔钱呢?清朝的官兵,当然应该由清政府来支付军费。不过当时清政府国库空虚,实在掏不出这笔钱,于是按照惯例,让战场周边地区的地方财政提供军饷。也就是说,既然是在西北打仗,那么就由西北地方政府负责供养大军。但是西北也有西北的苦,这里连年战乱,地方经济体系早已崩溃,想多搜刮点粮饷是很困难的。再加上天公不作美,"山右陕豫复遭旱灾,四方均无所出"。简单说,朝廷没钱,地方也没钱,左宗棠的军队已经拉开大战的架势,粮饷却还没有着落,这可是非常危险的事情。实在没有办法,只能借钱了。借谁的钱呢?胡雪岩虽然自己家里也开着钱庄,但毕竟财力有限,倾其所有也不可能支持一只军队。其他商人能敲诈的早敲诈了,不过总是杯水车薪。算来算去,只好向洋人借款。洋人当然都是些无利不起早的家伙,他们才不会无缘无故地把银子借给清朝的军队,他们是要赚取利息的,而且为了保证贷款的安全,他们需要担保人。由于洋人多次与胡雪岩打交道、做生意,他们信得过胡雪岩,因此左宗棠的几次借款都是胡雪岩亲自张罗,亲自担保。战事结束后,左宗棠向朝廷上奏时说:

> 至臣军饷,全赖东西各省关协款接济,而催领频仍,转运艰难,多系胡光墉一手经理。遇有缺乏,胡光墉必先事筹维,借凑预解。洋款迟到,则筹借华商巨款补之。

由此可见,胡雪岩在左宗棠西征中的作用,不亚于前方将士。有了粮饷,还要有好的武器,洋枪、洋炮在西征中发挥了巨大的作用。而这些武器装备,也是由胡雪岩在上海为左宗棠军队采购。胡雪岩凭借办洋务的精明,来往于各洋行之间,对各种武器精心挑选,为前方部队提供了当时最为先进的各种武器,如"开花大炮"、"标针快响枪"、"七响枪"等现代化武器,让左宗棠部队的战斗力大大增强,为快速平定新疆立下汗马功劳,左宗棠在后来给朝廷的奏章中也特别提到这一点:"关陇新疆速定,虽曰兵精,亦由利器,则胡光墉之功,实有不可没者。"左宗棠的西征取得重要的战果,成了晚清时期朝廷军事行动中少见的一笔亮色,可以说没有胡雪岩在后方的大力支持,左宗棠难成其功。要钱有钱,要粮有粮,要枪有枪,左宗棠有了胡雪岩这样的好帮手,如虎添翼。左宗棠大器晚成,他在官场上的发迹当然少不了贵人提拔,但也少不了胡雪岩的大力相助。

胡雪岩受到左宗棠的赏识、抬举,自己的社会地位也不断提高,后来竟能得到朝廷赏赐的红顶带和黄马褂。胡雪岩是一个商人,看重的是投入和产出,虽然靠官员伙伴抬举,他得到了红顶戴和黄马褂,但对他而言,这两样劳什子是自己的投资的回报,其用处不过是充当他店铺的金字招牌而已,胡雪岩并不会因此动了踏入仕途的心思。胡雪岩事业鼎盛的时期,资产超过白银3000万两,比朝廷的年收入还要高,他是一个精明的商人,不会为了朝廷的虚名而放弃自己到手的利益。因此,即使他已经拥有了朝廷赏赐的服装、名分,但是在和官府贸易往来的过程中,他依然还是按照商业原则来运作。在胡雪岩看来,自己利用所谓人脉资源占公家的便宜是可以的,这是他利润的主要来源;反过来,公家占自己的便宜则绝对不允许,这也是历代所谓"官商"的共性。

风平浪静时,大家闷声大发财,皆大欢喜;一有风吹草动,众人即刻作鸟兽散,无复君子。因利益关系搭建的官商体系,总避免不了这样的结局,古今一理,概莫能外。

## 生丝大战

由于受到清政府的表彰,再加上在政府、洋商之间左右逢源,朝中又有过硬的后台,胡雪岩能更容易地揽到达官贵人的存款。"长袖善舞,多钱善贾",获得大量资金支持的胡雪岩生意越做越大,特别是在金融业务方面,十余年间"阜康钱庄"在全国开了二十多家分号,业务量甚至超过了之前一直独霸中国金融市场的山西票号。

钱庄生意红火,胡雪岩一方面用钱生钱,经营金融借贷业务,另一方面他的生丝、国药和当铺业务,也风生水起,俨然成为行业内的巨头。特别是生丝贸易,更是为胡雪岩带来巨大的利润。早在王有龄担任湖州知府时期,胡雪岩就开始利用公家的资金经营生丝,他当时采用的是类似订单生产的方式,投资蚕农,然后统一购买原产品,运到上海卖出。经营生丝对胡雪岩来说驾轻就熟,他成为全国首屈一指的大商人后,当然更不可能放弃这项赚钱的生意。十九世纪末期,上海的生丝主要都是外销,法国是最大的收购国。洋商利用自己的买方市场地位,经常故意压低生丝价格。江浙一带蚕农作为产业链的末端,会因此遭受不少损失。胡雪岩这样中间商的利润空间,也会在洋商的压迫下变得越来越小。

其实此类事情在商战中并不鲜见,而且也并非无解。最好的办法就是供货商联合起来,形成供货垄断,然后和洋商谈判,双方达成共赢,这样生意才能做下去。胡雪岩作为生丝的大供应商,当时就是在策划这样一件事情。不少胡雪岩研究者在这一问题上过于拔高胡雪岩的境界,似乎他倾尽家产与洋商斗法,迫使洋商抬高生丝价格,是为了江浙一带的蚕农请命。我认为胡雪岩作为在乱世中求利、求财的商人,他绝不是什么民族英雄。正像他帮左宗棠借洋债,固然帮了大清政府的忙,也帮了左宗棠的忙,但对胡雪岩来说,那只是经营活动的附带效应,并非他做此事的初衷,否则他也不会在这大军的救命钱上,再狠狠地刮一层皮。胡雪岩拿走他认为应得的利润,拿的并不比别的商人更黑更贪,能做到买卖公平、童叟无欺,这已经尽了他商人的本分。钱庄小伙计出身的胡雪岩,远远到不了范蠡、子贡这样大商人的境界,他甚至也到不了吕不韦的境界。如果把本书讲的八个中国古代商人列一个简单的排名榜,虽然胡雪岩名声最大、炒得最热,但他却是境界最低的一个。他的中国商业史价值,不在于他那些所谓的经商技巧,而恰恰在于给商人们提供了一面可以自省的镜子。

这个话题有点远,我们还是来看胡雪岩和洋商的"生丝大战"。在胡雪岩看来,这次和洋商的斗法他是稳操胜券,多年的成功经验、雄厚的资金支持、官商两界的人脉资源,在一定程度上蒙蔽了胡雪岩的眼睛,使他对上海和国际生丝市场产生严重误判,靠官商勾结无往而不利的垄断经营方式,在这次与洋人的"生丝大战"中被彻底击溃。整个商战过程并不复杂,为了在生丝价格上掌握话语权,胡雪岩在1882年筹措两千万两白银,套购了运到上海的所有生丝囤积起来,让洋商"欲买一斤一两而莫得"。这种"囤积居奇"的做法,其实是奸商的一贯伎俩,前些年上海出现"蒜你狠"、"苹什么"现象,一些商品突然间价格暴增,就是这种无良商人捣的鬼。不过胡雪岩的不同之处在于,他不是"窝里横",昧着良心赚压榨同胞,他要对付的是洋商。正所谓学范蠡学不像,还可以做乔布斯;学子贡学不像,还可以做李嘉诚。要是学胡雪岩学不像,那就成了地地道道的奸商。

  洋商也要做生意,得不到货源供应当然会遭受巨大损失。实在没办法他们只好放低一贯高傲的姿态,托人前来与胡雪岩进行谈判,愿意加价一千万两白银购买胡雪岩囤积的生丝。粗粗算下来,这趟生意如果做成,胡雪岩能获得百分之五十的利润。当年范蠡仅仅靠百分之十的利润,就能够"三致千金",百分之五十的利润在生丝贸易这个行当来说,基本上属于暴利。不过胡雪岩倚仗官府背景做惯了垄断生意,他并不满足洋商提出的价格,咬定必须加价一千二百万两,少一分都不行。结果因为二百万两的差价,双发最终没有谈拢,这趟生意泡汤了。洋商固然遭到了巨大损失,但是相比而言,胡雪岩的损失更大。胡雪岩的大宗业务在金融借贷,生丝积压在手里,两千万两白银的资金无法流转,这对钱庄业务来说也是致命的。转眼到了1883年,新丝快就要上市了,此时的胡雪岩更是骑虎难下了,他只有继续囤货才能保住自己的利润。但是此时他已经没有能力再独自砸进去几千万两白银,去年生丝的积压,胡家的好多生意都受到了影响——胡雪岩开的毕竟是银庄,不是银矿。

想继续买断货源却手中没钱,这时候只有一个办法——"众筹"!胡雪岩邀请华商集资,打算再次全数购进生丝,继续和洋商耗下去,最终逼迫洋商就范。此时的胡雪岩对自己的商界掌控力盲目乐观,自从傍上了左宗棠,这么多年来顺风顺水、呼风唤雨,对市场的感觉不是那么灵敏了。另一方面呢,国际生丝市场也的确发生了大变化,欧美正在发生经济危机,对丝织品的需求骤减。上海生丝出口的主要国家法国,丝织品进口量居然下降百分之五十三。当人们被利益蒙蔽了眼睛,往往只看到他们希望看到的景象,只相信他们愿意相信的事实,胡雪岩缺乏国际商务信息,做的又是国际垄断生意,这自然是非常危险的。其他华商没有响应胡雪岩的倡议,说明大家对这场生丝价格之战还是有清醒的认识——胡雪岩这次生丝生意要砸了。果不其然,这一年洋商借机抱团,你去年"罢卖",让我们在上海买不到一两生丝,今年我们干脆来个"罢买","共誓今年不贩生丝"。这样一来,上海生丝贸易陷于停顿,市场一片萧条,商战中最惨烈的"双输"局面出现了,只不过这次胡雪岩是最大的输家。生丝属于有机物质,不能久存。而且新丝上市,旧丝往往马上跌价,胡雪岩手中还有两千万旧丝,再不出手将一钱不值。最后,胡雪岩只得在这场"生丝大战"中认输,被迫将囤积的生丝降价出售。这单生意耗了近一年,不仅一分钱没赚到,还损失了八百多万两本钱,这其中尚不包括两千万两白银占用一年所损耗的利息。参考他借钱给左宗棠的利息计算,这笔款项也要有一两百万两。这样算下来,胡雪岩在这次生丝商战中直接损失要超过一千万两白银,就算他是中国首富,就算他的阜康钱庄是中国最有钱的钱庄,这笔损失砸下来,他的商业帝国也一定会产生巨大的震动。

其实这不仅是胡雪岩一个人的悲剧。从当时整个中国的经济形势来看,1883年的确是个比较困难的年份。这一年年初的时候,上海还有78家钱庄营业,到了年底就倒闭了68家,仅剩下十家在苦苦支撑。这些年来由于印度茶和日本丝在世界市场上强有力的竞争,中国的丝茶出口贸易整体遭到挫折,中国丝茶商人的获利空间已经越来越小了。国际贸易不景气,国内市场由于连年灾荒,老百姓的购买力大大降低,整个商业出现萧条景象。恰恰这个时候,国内又兴起了盲目投资股票的热潮,人们喜欢把钱投到自己都不知道是怎么回事儿的股票上,商业领域流动资金更加不足,银根短缺几乎成了普遍现象。胡雪岩生丝生意失败,损失了大量白花花的银子,这对他的金融业务来说,无异于雪上加霜。不过以胡雪岩的经济实力和官方背景,虽然生丝生意让他元气大伤,但还不足以使他破产,真正压垮胡雪岩的最后一根稻草,其实是一笔数额不太大的涉外借款。

## 墙倒众人推

胡雪岩成了左宗棠的得力助手，为左大帅西征帮了大忙。不过，他一方面不断得到左大帅的抬举，另一方面自己也的确没耽误赚钱。他主持上海采运局期间，经手购买外国机器、军火，虽然保证质量，但他本人也在交易中捞足了油水。特别是他帮左宗棠借外债，虽然表面上自己承担了一定的风险，但他从中获取佣金的数量也是非常丰厚的。

我们可以粗略地替胡雪岩算一笔账。自1867年到1881年，胡雪岩共帮助左宗棠借了七笔涉外债务，总计接近1600万两白银。每次借款，胡雪岩都要在外商利息报价的基础上加价给清政府，比如1867年和1868年向上海洋商借的两笔贷款，洋商报月息为0.8%，胡雪岩从中加价0.5个百分点，达到1.3%，而清政府最后实付居然是1.5%，比洋商的报价几乎翻了一倍。胡雪岩为左宗棠第一次借款，名义上是120万两白银，但是先行扣除水脚、保险、汇费、息银等费用后，左大帅实际拿到手的只有110余万两。其中的差额部分自然进了胡雪岩的账户。左宗棠不仅让胡雪岩帮忙借外债，他还通过胡雪岩的转运局，向上海、汉口、西安、长沙、兰州等地票号借款累计达九百万两,支付利息45万两。仅经营左宗棠的贷款业务,粗略算下来胡雪岩也有几百万两的收益。这些贷款都是用清政府的闽海、粤海、浙海、江汉、江海等各关的洋税担保,胡雪岩虽然有一定的居间风险,但是和政府做生意,背后有税收做抵押,这个风险是可控的。

那这次是笔什么借款击垮了胡雪岩了呢?其实是一笔数量很小的款项。胡雪岩代清政府向洋商借的一笔款子正好到期,应还本息共计80万两。本来这笔款子是没有任何问题的,只要当时的上海道台邵小村准时把钱送给胡雪岩,胡雪岩再把钱还给洋商,这笔借贷业务就算全须全尾地完成了,大家皆大欢喜。但是此时却发生了一件怪事:

> 上海道邵小村观察本有应缴西饷,靳不之予。光墉迫不可耐,风声四播,取存款者云集潮涌,支持不经日而肆闭。
> ——刘体智《异辞录》

上海道台邵小村"靳之不予",意思是明明手中有钱,就是耍流氓不还。这到底是怎么回事儿呢?其中大有玄机。简单说,胡雪岩的后台是左宗棠,邵小村的后台是李鸿章。左宗棠与李鸿章早就是针尖对麦芒,左大帅从没把李鸿章看到眼里,在各种场合下贬低李鸿章。李鸿章就以胡雪岩为突破口,借机打击左宗棠的势力。邵小村秉承李鸿章的旨意,故意扣住这笔钱不给胡雪岩。胡雪岩实在没办法只得赶紧从阜康钱庄各分号调集现银弥补这个亏空,这无疑让本来就银根紧缺的钱庄雪上加霜。这一年各地钱庄倒闭成风，储户人人自危，胡雪岩这两年生丝生意损失惨重的消息早已尽人皆知，现如今阜康钱庄又挪用存款填补外债窟窿，这些消息更加重了储户的担忧。即使胡雪岩有清政府钦赐红顶戴、黄马褂，即使阜康钱庄是全国最大的钱庄，在利益面前，人们往往更关注自己的得失。胡家产业不断传来利空消息，客户对他丧失信心也是正常的。于是这八十万两的事儿一出，挤兑风潮很快就发生了。

什么叫"挤兑"？挤兑最初的意思就是兑现，存款客户在短时间内要求提领回自己存在银行的钱，这种事情可是银行业的噩梦，通常发生在银行有重大负面传闻之时。一旦发生挤兑，银行的直接下场就是宣告破产。如果在这个时候有大金主出面买单营救，银行或许能躲过一劫，通常是政府充当这样的大金主。但是胡雪岩的阜康银庄遭到储户挤兑时，他的官方后台们不仅没有施以援手，反而落井下石，纷纷加入挤兑队伍。在这波挤兑风潮的冲击下，阜康银庄的上海总号率先倒闭，其他各地分号也在短时间内先后关门大吉。

虽然说钱庄生意是胡雪岩最大的生意，但他还有药店和当铺，瘦死的骆驼比马大，如果苦心低调经营，胡雪岩未必没有翻身的机会。但就在这个时候，"官商"必然涉及官场斗争的弊端显现出来了，墙倒众人推，胡雪岩当年帮左宗棠借洋债拿回扣的事情也被揭露出来。如果是一名政府官员，为前线做好服务是他的分内之事。但胡雪岩的主要身份还是一名商人，他从各种经手的交易中赚取利润，说起来似乎是天经地义，虽然看起来没有任何问题，但是这里面隐藏着官商结合所不可回避的内部矛盾。官和商结成的利益共同体,看似铁板一块,其实大概是人类社交史上最不靠谱的。胡雪岩的所谓"官商"网络也是如此,平时无事则已,完全可以一俊遮百丑。这"俊"是什么？就是左宗棠辉煌的事功,就是"老佛爷"慈禧的宠爱。但是一旦官商双方产生什么利益纠葛,或者高层的人事变动,利益交换关系立刻会出现道德追问,此时评判的标准变了,不是什么"一俊遮百丑"了,而恰恰相反,变成"一丑遮百俊"。古往今来,凡是官商搞到一起瓜分利益,或迟或早,大抵都逃不出这个"魔咒"。既然有人举报胡雪岩,那朝廷也只有假装震怒,胡雪岩名义上还是候补道台,朝廷就下令撤了他的虚职,让他的主子左宗棠对他严加查办。如此一来,胡雪岩巨大的官府背景顷刻间土崩瓦解、不复存在了,在朝廷的信任和商人的情谊之间,孰轻孰重,左大帅自然心中有数,胡雪岩多年经营的官商网络,也瞬间不值一文。

　　宋代大文豪欧阳修曾经说过,在人际交往中,有小人之交和君子之交的区别,小人之交是什么情况呢？"见利而争先,或利尽而交疏,则反相贼害,虽其兄弟亲戚,不能相保",看到有利益了,大家凑到一起,所谓"富在深山有远亲",等到利益关系消失了,这种交情也就不存在了。如果是简单的"君子交绝,不出恶言"倒也罢了,但是这种建立在利益基础上的交往,在共同利益消失后,往往要落井下石。别说是朋友了,就是自己家族的兄弟姊妹,如果靠利益维系在一起,利益消失的时候,也会做出那种互相陷害、煮豆燃萁的勾当,这种事儿历史上真不少见。胡雪岩多年来都是与官府打交道,他的钱庄存款一多半都是各级官员的存款,甚至清政府也有不少款项由胡雪岩的钱庄经营。如今阜康钱庄一倒闭,清政府和各级官员马上换了一副嘴脸,什么红顶戴、黄马褂,全都及不上真金白银有说服力,朝廷马上下令,查封胡雪岩在各地的当铺、资产,清算资金,偿还朝廷欠款,胡雪岩的商业帝国瞬间倒塌。生丝生意失败、阜康钱庄倒闭,对胡雪岩来说固然如五雷轰顶,但"百足之虫,死而不僵",此时如果政府能给予一定的资助,或者至少不火上浇油、落井下石,胡雪岩还不至于在短时间内由坐拥几千万白银资产的全国首富,变成不名一文、连抄家都"抄无可抄"的破落户。

　　胡雪岩的失败是中国官商合作经营的典型案例。他短暂的成功依靠的是特权、是官商勾结,这种做法是违背商业伦理的。令人惊讶的是,近些年来,不少所谓学者大师从不同角度解读胡雪岩的"成功学",甚至一些商人也把他奉为祖师,更津津乐道于他的低成本占有财富,对财富的获取方式刻意弱化,对他最终必然失败的命运视而不见,而仅仅归罪于投资失败、洋商打击、清廷压迫等原因,这不仅可笑,而且也很可怕。

# 我愿世无胡雪岩

胡雪岩整个发家史就是一部晚清商业文化堕落史。胡雪岩利用官府背景,快速扩张自己的金融业务,为自己的商业帝国打下基础;他善于拍马钻营、八面玲珑,为自己商业活动营造了所谓的"人脉",这都是他在晚清经商成功的重要基础。但胡雪岩的所谓"成功"有着鲜明的时代背景,他必定是在法制不完备、特权横行、政治腐败的环境下才能大行其道。历史经验证明,凡是靠官商勾结而取得的成功,往往不能长久,及身而止已属罕见,能传之二代,更是少有听闻。勾结官员,利用特权寻租,这的确能给商人带来丰厚的利润,但古往今来以利益为纽带的人际关系很难持久,即使在一个政治清明的时代也是如此,更何况在腐败的专制体制下,政治恰如泥潭,官场更甚于战场,一招走错,有可能落得个满盘皆输。胡雪岩最初跟的是何桂清、王有龄江南大营一系,捞取了自己事业的第一桶金。随着江南大营的覆灭、何桂清的失势、王有龄的殉清,胡雪岩的靠山完全崩塌,投靠左宗棠其实是一步险棋,好在他辗转腾挪,处处卖乖讨好,终于成功靠上了左宗棠这棵大树。胡雪岩死心塌地为左大帅卖命做事,当然也没有忘记中饱私囊,卷入与李鸿章集团的政治斗争，或许并非所愿，但既然加入这个圈子，很多时候他自己是无法选择的。胡雪岩阜康钱庄被挤兑倒闭，少不了李鸿章一系背后黑手的运作；钱庄倒闭后，李鸿章更是趁机揭发胡雪岩为左宗棠借款大吃回扣一事，敲山震虎，让政坛大佬左宗棠难看。在政治、法律都不成熟的情形下，官场上没有真正的不倒翁，把自己全部命运寄托给几只"大老虎"，最终的下场一定很惨。什么时候中国商人想起胡雪岩的红顶带黄马褂，不是艳羡而是警醒，我们的商业文化才算有了更值得尊敬的进步。

我坚信，这一天会来的。耐心读完这本小册子的读者们，你信吗？

# 后　记

书稿写完了。

西弗吉尼亚的夏天也终于来了。

整个冬天和春天,我都可以从窗口透过老橡树光秃秃的枝桠,俯视整个山谷。我能时时听到山下传来快乐的喧嚣、刺耳的警笛和历史系钟楼悠扬的钟声。

下午四点钟,我还能听到一曲《Take Me Home, Country Road》,小城的每一个人都会唱这首歌。当 John Denver 沉郁的歌喉响彻在小城的上空时,似乎每一只鸟儿都侧耳倾听,每一只猫咪也会肃然静立。

夏天来了,整个山谷渐渐融入西弗吉尼亚的山色中,我的窗口也重新藏进了大橡树的郁郁葱葱里——小城就这样又远离了我。但《乡村路带我回家》那伤感的旋律,却依然时时萦绕在我的耳边。

感谢我的家人,没有他们的支持,我将一事无成。感谢历史系 Jack 教授,春天里他询问过本书的写作,并为我借来了三本商业史书籍;感谢邻居 Hakan 夫妇,去年冬天大雪封山,他们给我送来一锅土耳其热汤。

《红尘匹马长安道:中国商人往事》中讲了八个中国商人的故事。"长安道"是迥然不同于"乡村路"的文化存在,它直指世事纷扰的"红尘",而"匹马"则见证了滚滚红尘中的徒劳与孤独——古来圣贤皆寂寞,大商人又何尝不如是?

书稿完成了,我也该下山了。对美丽的西弗吉尼亚山区小城摩根来说,我只是一个过客,除了美好的回忆和写成山居中的几部著作外,我什么也不带走。

李 强

2015 年 5 月 17 日于西弗吉尼亚